U0578039

王　敏／著

基于历史学科核心素养的教学设计

辽宁人民出版社

图书在版编目(CIP)数据

基于历史学科核心素养的教学设计 / 王敏著. 一沈
阳:辽宁人民出版社, 2025.2
ISBN 978-7-205-11165-6

Ⅰ.①基… Ⅱ.①王… Ⅲ.①历史课 – 教学研究 – 中
等专业学校 Ⅳ.①G633.512

中国国家版本馆CIP数据核字(2024)第094439号

出版发行:辽宁人民出版社
　　　　　地址:沈阳市和平区十一纬路25号　邮编:110003
　　　　　电话:024-23284325(邮　购)　024-23284300(发行部)
　　　　　http://www.lnpph.com.cn
印　　刷:辽宁一诺广告印务有限公司
幅面尺寸:170mm×240mm
印　张:13
字　数:200千字
出版时间:2025年2月第1版
印刷时间:2025年2月第1次印刷
责任编辑:张天恒　王晓筱
装帧设计:中知图印务
责任校对:刘再升
书　号:ISBN 978-7-205-11165-6
定　价:68.00元

前　言

PREFACE

新课标背景下，培养学生的核心素养成为中职教育的关键目标。作为人才培养的重要途径，中职教育也应紧跟教育发展趋势，提升对学科核心素养培养的重视。当前，历史课程已成为中职公共基础课必修科目，教师应当提升对历史教学的重视，优化教学策略与方法，在课程教学中培养学生的品格与能力，促进中职学生素质健康发展，为其未来就业打下良好基础。

随着我国教育改革的不断深入，学科核心素养培养已成为各类院校学科教育的重要目标。中职历史教学必须紧跟时代步伐，将核心素养培养纳入中职人才培养目标体系，结合中职学生特点与中职教育特点，提升核心素养培养活动的针对性与适应性。教师应当从教学目标、方法与内容上进行优化创新，切实发挥中职历史课程的育人功能，促进中职学生综合素养发展。

本书立足于我国中职历史课程改革与教学实践，以提升中职历史课堂教学的有效性为主要目标，对中职历史课程设计与教学实践进行了全面研究。主要内容有：历史教学设计原理综述、基于历史学科核心素养教学目标设计、基于核心素养的历史课堂教学策略、基于历史解释核心素养的历史课堂教学设计、基于史料实证核心素养的历史课堂教学设计、基于唯物史观核心素养的历史课堂教学设计、基于家国情怀核心素养的历史课堂教学设计、基于核心素养的历史教学评价以及基于核心素养的历史课后作业设计。本书以教育部颁布的《中等职业学校历史课程标准（2020年版）》为总纲，结合学情，对教材内容进行整合与拓展；确定教学主题、教学目标、教学重点与难点，并通过创设情境，提高学生运用所学知识分析、解决问题的能力。本书倡导自主学习、合作学习、探究学习，充分发挥学生的主体作用，激发学生学习历史的兴趣，提高学生的能力与素养。本书注重理论与案例相结合，对中职历史教学具有较高的指导意义，也是广大中职历史教师备课的重要参考材料。

在写作过程中，我们参阅了不少同行教师和专家的研究成果，从中得到不少启发，在此向他们表示真挚的感谢。另外，对在本书写作、出版过程中给予帮助的人们表示由衷的感谢！

由于写作时间仓促，再加上作者水平有限，本书难免存在疏漏与错误之处，还望同行专家和读者批评斧正。

王　敏

目　录

CONTENTS

第一章　历史教学设计原理综述

第一节　教学设计的概念及相关理论

一、教学设计的概念

教学设计源于西方国家，是基于教育心理学和教学技术逐渐整合的基础上发展起来的现代教学理论，属于教育技术学的范畴。著名美国教育心理学家加涅（R.M.Gagne）认为，教学设计是一个系统化（systematic）规划教学系统的过程。美国当代著名教学设计专家赖格卢思（C.M. Reigeluth）则形象地把教学设计比作建筑设计蓝图的准备，而教学开发则是实施这个计划的过程。但美国教学技术专家可内克（F.G.Knirk）等人则把教学设计与教学开发视为同一物。此外，国外有的学者还将教学设计视为是一项技术或一门设计科学。如美国著名教学设计专家梅里尔认为："教学设计是一种以开发学习经验和学习环境为目的的技术。"帕顿在《什么是教学设计》一文中指出："教学设计是设计科学大家庭中的一员……是对学业业绩问题的解决措施进行策划的过程。"

我国学者乌日娜认为，"教学设计是运用系统方法分析教学问题和确定教学目标，建立解决教学问题的策略方案、评价施行结果和对方案进行修改的过程"。何克抗教授等学者的观点与此相类似。概括而言，都是将教学设计视为规划教学的"过程"和"程序"。

但也有人认为，教学设计是"对教什么（课程、内容）和怎么教（组织、方法、传媒的使用）等进行设计"。我国教育学术界更倾向于把教学设计理解为一门学科，这个学科是为了解决教学问题，科学而系统地制订教学方案而存在的。

从系统观来看，教学设计也称系统设计，它把课程设置计划、课程大纲、单元教学计划、课堂教学过程等不同层次的教学系统视作其研究对象。因此，根据教学设计研究对象的大小，可以将教学设计归纳为三个层次：其一是以"产品"为中心的层次，即把教学中需要使用的媒体、材料、教学包等当作产品来进行教学设计；其二是以课堂为中心的层次，其实践范围是课堂教学；其三是以系统为中心的层次，特指比较大、比较综合和复杂的教学系统，如一所学校或一门课程的大纲和实施计划等[①]。

二、教学设计的理论依据

教学设计的理论基础包含了学习理论、教学理论、系统科学理论、传播理论这四大理论。这四项理论"各司其职"，为教学设计提供理论依据。

(一)学习理论

学习理论是教学设计的核心和基础。"学习理论是解释人类学习活动的本质和规律，解释和说明学习过程的心理机制，指导人们学习。特别是指导学生的学习和教师的课堂教学的心理学原理或学说。"而教学设计的提出，根本目标是为了学习。因此，教学设计有必要在了解学习及行为的基础上进行研究施行。

1.行为主义

行为主义的学习理论出自20世纪初期美国的行为主义心理学流派。行为主义方向的研究学者表示，学习是刺激与反应的联结，学习的过程就是在建立联结的过程。这种因刺激与反应之间产生的联结，就是学习。行为主义的代表学说有桑代克的"试误说"、华生的"刺激反应说"、斯金纳的"操作条件说"。

由于行为主义的理论研究多数是通过实验室的动物得来的，因此行为主义的理论不可直接用于人类的生活和学习活动。并且，行为主义过于重视外显行为的研究，将学习过程描述得十分简单，这就忽略了人类的主观能动性和复杂性。

但是事实上，实际的学习不一定要从外部来强化，内部也可以强化，例如强化教师的水平或者学生加强自我鼓励。尽管行为主义理论并不是十分完美，但它在历史教学设计的研究上始终具有积极的指引作用。

---

①高嵘.课堂教学设计的概念及其作用分析[J].中国学校体育,2011(4):23-24.

2.认知主义

到了20世纪50年代中期后，认知主义诞生了。认知主义的诞生取代了行为主义的地位。在内容上，两者有相同的地方，即"认知主义继承了行为主义强调环境条件在促进学习中的作用"。认知主义认为，认知结构组织或重新组织的基本方式是新旧知识的相互作用。认知主义的代表学说有加涅的学习层次与条件说、布鲁纳的认知发现说、奥苏伯尔的"先行组织者"理论。

认知主义专注于认识结构和过程，对个体的心理活动加以研究，重视学生内部心理操作方式的指导，进而产生"认知策略""信心加工模型""认知结构"等相关概念。虽然认知主义是在行为主义的基础上诞生的，在解释人类学习的实质问题上也更透彻了，但是它也有缺陷，与行为主义相比，认知理论缺少典型的范例。

若教学设计以认知主义为理论基础，那在正式的教学活动中应注意以下三点。

其一，要由重视外部学习环节及行为的控制研究转向重视学生内部认知的变化。在学习内容的设计上，要多加考虑如何规划、组织教学内容，使其成为一个体系而不是零散的教学资料，同时呈现方式要与学生内部心理加工方式相适应，即符合学生的认知状况与规律。

其二，学习是一个积累知识的过程，也是新知识代替旧知识的过程，是通过学生的学习构建进行的。因此开始一个新知识时要找到和其有关联的旧知识，在旧知识上找到一个切入点，使新知识能够顺利融入旧知识，让学生更容易接受，这就是我们常说的贴近学生的经验和经历。

其三，教学设计中要重视学生的特征分析。学生学习的过程是其接受新知识的过程，是认知的再组织，所以教师需要先对学生有一定的了解，才能进一步提高学生的兴趣，引起学生的主动性。因此无论导入、提问、探究、教学方法和教学媒体的选择等所有的教学活动和教学内容都要能引导学生思考，进行思维活动。

但值得一说的是，认知主义中的两位代表人物，布鲁纳和奥苏伯尔在"学生学习过程中的作用和地位"这一问题上持不同的观点。布鲁纳认为"知识的获得是一个积极主动的、探索发现的过程"。在这个过程中，学生依靠原有的知识结构，通过独立的思索，使用类别化和概念化的方法吸收新的知识，并将新知识吸纳于旧知识体系结构之中。与布鲁纳重视发现学习不一样的是，奥苏伯尔更强调接受学习才是学生学习的基本方式，即学生联系原有的知识，直接接受老师精心组织起来的结论性知识。

3.建构主义

20世纪90年代，建构主义诞生了。但建构主义并不被学者们认同，大多数学者认为，建构主义更偏向哲学方向，而不是学习理论，但将建构主义归入其中是因为建构主义在教学设计的资料和文献中被多次提及。有专家指出，实际"建构主义那一套东西在培养律师、医生、建筑师和企业家等领域颇为流行，但在教育领域却难觅踪影"。也有教育学家表示"建构主义并不是一个特定的学习理论，很多研究者都把自己的理论称为建构主义理论，但其实在具体观点上却有很大的差异"。

但认为建构主义应该属于教学设计的学者仍占很大一部分。建构主义认为，学生学习的过程是在自己已有的知识结构上，运用自己擅长的方式将新的知识主动建构的过程。建构主义更重视学生的主动性、情境性、社会互动性和建构性。

建构主义和认知主义有着相同之处，即重视新旧知识的相互作用。但建构主义更强调"以自己的方式"建构意义，所建构的意义是个人的理解。建构主义的代表人物有皮亚杰、科恩伯格、斯滕伯格、维果斯基。

以上三种学习理论各有优势，笔者认为不应该单独只钟情一种理论，而是要根据学生的实际能力，来匹配对应的学习方法。历史教学设计在运用学习理论时，要做到取其精华，使之完全"内化"，做到理论与课程标准及历史内容相一致，这样才能使历史学科的教学设计日益进步，最终实现服务于学生的终极目标。

(二)教学理论

教学理论是对教学规律的客观总结和反映。教学设计的理论基础是在教的过程中对各环节进行大量的理论研究和实证研究。教学理论的代表是赫尔巴特的"五步教学法"和杜威的"五步教学"。

需要强调的是，教学理论不是独立的理论体系，而是与学习理论相辅相成的，教学理论的核心是在学习理论的核心基础上产生的。

（三）系统科学理论

系统科学理论为教学设计提供了重要的理论指导。系统方法是由巴班斯基将其作为一般科学方法论引入教学理论研究领域，并由此形成了教学过程最优化理论。此后，教学设计正是根据该理论，把教学研究的重要内容，如教师、学生、目的、任务、内容、形式、媒介、反馈、环境方法等子系统都置于整个教育系统形成之中并加以考察研究和应用，以期望达到最优的教学效果。

系统科学理论诞生于20世纪五六十年代，包括最基本的系统论、信息论和控制论。20世纪70年代后，在此基础上出现了新的理论，即耗散结构论、协同论和超循环理论。由于篇幅过长，暂且不做主要研究对象，因此不过多展开介绍。

（四）传播理论

教学过程的环节中存在着信息传播的现象，这其实遵从了传播学的理论，也是一种特殊的传播过程。因此，教学里设计理论体系的一个重要方面是以传播理论为基础发展起来的。

教学设计环节要考虑的方面有很多，根据传播理论，教师要考虑如何控制教学过程，如何针对教学的特点和内容进行教学，通过使用什么媒体才能最大限度地帮助学生接受知识，等等。同时，在信息传播过程中，学生作为接受传播的人，他们的技能、态度、知识水平、社会文化背景直接影响着使用媒体的教学传播效果。这就要求教师在进行教学设计时，要充分考虑学生的知识水平、智慧技能、态度等因素，并且教学内容的处理要遵循科学性的原则，还要符合学生的心理特征，最终要用什么传播渠道来传递信息才能达到最佳效果等，这些都是教学中影响传播效果的因素[1]。

三、教学设计学科理论体系建构

在新一轮课程改革中，教学设计作为一种基本、常见的教育理论和教育实践活动，具有重要的理论和现实意义。教学设计在国外经历了较长时间的发展，1987年引入国内，但并没有得到较大的本土化发展，多数时间仍在消化和吸收国外的研究成果。此领域的前辈一边反思教学设

---

[1]王芳. 历史教学设计与案例研究[M]. 长春:吉林人民出版社,2019.

计的局限性，一边探索教学设计发展的新路径，但是教学设计研究在国内并没有取得实质性的进展，教学设计理论体系建构迫在眉睫。随着信息技术及教学改革的发展，当代教学设计学科理论体系的构建正在不断深化和完善。构建教学设计学科理论体系要结合当代的学科特点，使教学设计学科理论体系符合当下的教学特点，并真正落地生根，更好地指导教学实践。

（一）当代教学设计学科理论体系建构的依据

教学设计是一项系统性工作，具体内容包括教学目标的制定、教学任务的分析等，这些都是教学设计的基本操作。当前，教学设计理论面临新的挑战。例如，在教学设计的培训实习中，对普通教师进行为期一周的培训。由此，教师可以迅速理解教学系统的操作流程和方法，并且可以马上将其应用到实际工作中，如编写符合教学设计要求的教案。在运用教学系统的过程中，编写的教案内容很明确，包含教学目标、练习题及思维导图。但是教师更希望教学设计能为自己提供一些关于教学问题的分析思路和方法，这也是教学系统能否得到良好应用的关键。同时，教学设计学科理论体系构建应该树立综合育人的观念，促进学生创新能力的发展。在对学生评分时，不能依据单一指标，而要进行综合深度测评。随着时代的发展，教学设计的方法也应该进行一定程度的拓展，以体现学生的主体地位，为教学设计学科理论体系的建构提供一些新思路，并且应从教学设计的价值取向、教学设计的重点、教学设计的逻辑、教学设计的复杂内容评估出发。

（二）当代教学设计学科理论体系应具备的特征

随着基础科学的发展，很多新的理念应运而生，当代教学设计学科理论体系要不断吸纳最新的研究成果，不断完善自身。早期的教学设计理论形成了一个封闭的教学程序框架，对教学内容进行了一定的设计，因此固化了教学设计者的思想，不利于教学设计者自身创造性的发挥。可见，早期教师的教学大都属于教条式讲授。而现代教学设计理论应形成一个开放性的框架，成为给教学设计者、教师和学生等人创造的空间。

早期的教学设计理论不能对教学现象进行很好的解释。例如，教学设计者运用既定的教学方案没有取得理想的结果时，往往不能在设计层面上找到原因。因此，人们常常把失败的原因归结为教学体系过于复杂，或是设计者本身的水平较低、教学理念陈旧等。实际上，不良教学设计产生的根本原因是教学设计理论没有吸收基础学科的研究成果，并将其转化为可以直接使用的方法性元素，导致教学设计理论的解释力不足。因此，教学设计理论必须吸取教训，吸收基础学科的先进研究成果，充分展现自身的解释力。

（三）当代教学设计学科理论体系的建构

1.教学设计的方法扩充：提供学习行为的分析和设计方法

在教学设计过程中，要对学生的学习行为进行分析和设计。当代教学设计的核心是对学生的学习行为进行设计，而对学生学习行为的分析是教学设计的前提条件。因此，在进行教学设计前，教师应深入了解学生的学习行为，并且分析这些行为。只有充分了解学生的各种学习行为，教师才能选择与其匹配的教学模式，从而更好地促进学生的身心发展。在分析学习行为的时候可以观察学生日常的学习情况，观察其最真实的学习状态。

教师应明确学生需要掌握的知识、技能等，进而设计相应的活动和任务。在此过程中，教师需要制订清晰的学习计划，帮助学生有计划、有目的地学习。教师要能提前了解各个学生的学习特点，并且运用多种教学策略，了解不同学生的学习需求，尽可能满足这些学习需求。教师要为学生提供反馈和评价，让学生充分认识到学习中的不足以及学习规划是否合理，帮助他们及时弥补不足并调整学习进度，增强学生的动力。另外，及时有效的反馈可以增强学生的自主学习意识，培养学生的自主学习能力，帮助学生在学习中建立自信。

2.教学设计的价值取向：从学科知识传授走向综合素质培养

传统的教学设计范式一直是知识本位，以不同学科的教学内容设计为中心，为学校的教学实施提供依据。教学目标以"双基"为主，这种注重基础知识和基本技能的目标取向在20世纪八九十年代的教学实践中一直占据主导地位。教学设计以知识传授为中心，形成了一整套教学设计与教学活动体系。然而，这种教学设计范式过分偏重于知识的掌握，并不注重对综合素质的培养，因此不能够很好地运用于素质教学中。

2001年教育部发布了《基础教育课程改革纲要（试行）》，从最初的双基教学目标，到三维目标，我国的教育思想和模式发生了深刻的变革。2014年，"核心素养"这一概念被提出，并融入修订后的课程方案和课程标准。从"双基"到现在对核心素养的强调，这一系列转变为教学设计提供了新的方向，奠定了新的基础。从传统的学科知识传授到学习方式的多样化，再到注重对学生综合素养的培养，教学设计价值取向的变迁促使教学理念发生变革，也进一步推动了学科教学模式和学习方式的根本转变。这些转变表明，教学设计应该回归综合素质培养的价值取向，更好地促进学生综合素质的全面发展。

3.教学设计的重心：从以教为中心转向以学为中心

在传统的教学设计中，教学关系被看作知识的传递和接受，但随着建构主义、实用主义、结构主义等教育理论的发展，这种教学模式已经逐渐被"以学为中心"的教学理念所代替。新课改之后，学习方式发生了改变，这些改变在一定程度上推动了教学程序和教学组织的现代化转型，形成了"以学论教"的新型教学模式。这种教学模式注重满足学生的学习需求，并且通过一系列的教学策略促进学习者全面发展，从而实现更高效、更具有实用性的教学。由于信息技术的助力，这种教学模式也在不断完善和发展。但是学校教育迟迟没有覆盖新教学模式，教师也无法转变教学模式，试图用旧有的教学模式理解新的课改理念，这反映了应试教育和素质教育之间的尖锐矛盾，"应付机制"教学设计应运而生。

新课改提出要促进多样化的学习，重视学生的参与，教学设计方向发生了一系列转变，由注重教学的设计变为重视"学的设计"。新课改初期，学校和教育研究者开始探究高效学习的教学设计，在不断的实践中深化教学设计。新课改深化期，开始提倡将教育重心从教师授课向学生学习转移，落实以学生为中心的教学理念。面对教学设计由"教"转向"学"的挑战，有学者提出了"教—学—评—致性"的教学设计，并且提出要强化对学生学习过程的设计，强调学生的主体地位，注重学生的个性化需求，以学生的能力和素质为培养目标。这种教育教学模式能更好地满足学生的学习需求，提高学生的学习质量。

4.教学设计的逻辑：从教学程序转向教学价值设计

教学设计逻辑是指教学设计的基本思维模式和流程，是在教学目标和需求的基础上，按照一定的逻辑思维规律进行安排。教学设计逻辑是教师进行教学设计的基本指导原则和方法，是教学设计的基础和核心。研究发现教师进行教学设计时一般会采用比较固定的方法，尤其是一线教师，往往会将注意力集中在教学活动的流程、形式和时间、空间上，但忽视了教学内容和学生的学习需求。这种教学设计思维模式被称为"教师中心模式"，这样的教学设计容易导致学生缺乏主动性和创造性。

新课改之后的翻转教学实践对教学程序进行了逆序化创新，尝试通过"程序重置"对课堂教学进行深化改革。然而，这种表层的程序置换只是教学改革的一种形式，并不能真正触及教学关系、教学思想和教学主体之间的深层逻辑结构。因此，要实现教和学时空结构的翻转，必须深化和突破教学设计。这就不能局限于教学程序置换的思维限制，而要向教学价值观念转变。2014年开展的"深度学习"教学改进项目引导学生主动经历知识形成过程，但这个过程更重视教学价值达成的深度，并将其指向了学科育人视域中学生深度学习的实现。但这并不意味着将教学程序视为一种对教学过程规范性和系统化安排价值的否定，只是在教学价值理念的层面上高度关注教学系统和教学过程的设计，创新教师的教学思路，从而取得教学设计的理性自由。

5.教学设计的评估：从局部评估到高层次能力评估

传统的教学设计评估主要集中在对局部技能和离散知识点的评估上。这种评估方式虽然可以对学生的学习效果进行量化评估，但它忽略了学生在学习过程中获得的其他重要能力。在深度学习的理念下，教学设计的评估需要从对局部的评估转向对更复杂方面的评估，包括对元认知的评估、对实践和反馈的评价、对学术成就的评估以及对社会文化大环境的评估。对元认知的评估需要判断个体是否具有良好的元认知技能，对实践和反馈的评价需要注重及时性，对学术成就的评估需要思考知识和技能的脉络，对社会文化大环境的评估需要检验学生交往、交流、实践中的参与方式是否与相应的知识领域匹配。因此，评估方法需要更加多样化和综合化，以促进学生个性化发展。

评估要重视学生的创新能力、批判性思维能力、解决问题的能力等多个方面。在对更复杂的方面进行评估时，教师需要采用多种评估方法，如项目作品、实验记录、小组讨论等。评估过程需要充分考虑学生的学习过程和学习成果，教学评估还需要充分考虑学生的反馈和评价。学生的反馈和评价可以帮助教师及时发现和解决问题，改进教学方法和策略，增强教学效果，优化学生的学习体验。教师还可以采用自我评估和同行评估等方式，不断优化自身的课堂教学设计，提高教学质量。

教学设计理论的发展在于解决实际教学问题，其发展不仅受到理论本身的影响，更受到实践的影响。传统教学理论主要关注教师教学过程中的行为方式，以及如何传授知识和技能，这些理论可以帮助教师更好地规划和组织教学活动。但随着社会的不断发展，传统的教学理论没有进行相应的创新和改变，已经无法满足现代教育的一系列需求。新的教学设计学科理论体系则基于当前的教育特色来设计和规划教学过程。教学设计是一个与现代教育技术、学习理论的最新进展紧密联系的领域，其在世界各国的教育改革中均有体现。基于此，我国的研究者有机会接触到国际教学设计研究的发展并从中受益。在教学设计的实践中，需要根植于核心思想，结合高新技术，以积极反思和自我更新的方式，实现创新，从而有效促进学生全面发展[①]。

第二节　历史教学设计的取向与定位

一、历史核心素养

（一）中职历史学科核心素养概述

1.历史核心素养的概念

历史素养是通过日常教育和自我积累获得的历史知识、能力、意识和情感态度和价值观的有机组成和综合反映。它显示了学生从历史和历史学的角度发现、思考和解决问题的心理素质。国内有学者认为，历史素养是"一种持续的思维品质，比如对历史的敏感、知识的准备和连续性，以及一定的思维深度"。教育部将历史的核心素养定义为：学生在学习历史的过程中逐渐形成的具有历史学科特点的基本品格和关键能力，

---

①左星星.当代教学设计学科理论体系建构研究[J].艺术科技,2023(16).

是历史知识、能力和方法、情感态度和价值观的综合表现，包括历史唯物主义、时空观念、历史证据、历史解释和家国情怀五个方面。

2.中职历史学科核心素养的内涵

针对普通高中生，课程标准将历史学科核心素养分为唯物史观、时空观念、史料实证、历史解释、家国情怀五个方面，这并不适用于中职教学。中职学生与普通高中生之间既存在相同点也存在差异。一方面，两者均是国家人才的重要来源，且在年龄、身心发展上较为相似，但是，中职学生与普通高中学生在课程安排和学习方式上存在较大差距，中职教育最重要的目的是培养学生的职业能力，使其适应岗位需求。因此，中职历史学科核心素养在普通高中历史学科核心素养的基础上有所调整，实现标准相对更低，从而使其与职业教育人才培养要求更贴合。具体而言，在"唯物史观"上，要求学生知道唯物史观是科学的世界观，并认识和了解唯物史观的基本观点与方法；在"时空观念"上，要求中职学生能基于特定时间与空间理解某一历史事件，并能运用历史年表、历史地图等工具描述史事；在"史料实证"上，要求中职学生能够了解多种史料类型，并具备多渠道获取材料的能力，能够从史料中提取有用信息；"历史解释"这一素养对于中职学生而言重要的是历史理解，学生要能对历史材料中的内容与要点进行辨识，并具备一定的史事概括能力，对史事性质、影响、价值、特点等形成初步认识；在"家国情怀"上，要求中职学生形成对家国民族的认同感，能理解并认同社会主义核心价值观与中华传统文化，能理解并尊重各民族、各国家优秀文化。

有学者认为，中职历史学科的核心素养有四个方面：一是确认和理解历史事实；二是解读和利用史料；三是体验和理解历史感；四是历史事件的分层和表达。这不仅体现了教育的本质，而且体现了历史领域的教育目标，目的是加强"可教育的人性"。也有学者认为，历史学科核心素养是"对历史事实的敏感性、历史知识的准备和连续性以及具有某种深刻性、普遍性和独特性的持续思维品质"。目前，中职历史学科核心素养的内容可以概括为三个取向：第一是社会价值取向。从历史认知的角度，提出了历史感受（历史条件）、历史事实（历史事实）、历史观点（历史理论）、历史方法（历史方法）、历史观（历史观点）。二是学科目标的定位。从历史研究的内容来看，提出了知识、能力、意识和价值四个层次。三是教育价值取向。从历史研究过程的角度，提出了六种意识理论：现实意识、时空意识、证据意识、问题意识、融合意识和分层意识①。

3.中职历史学科核心素养的特征

第一，以生为本。中职历史学科核心素养在制订与实践中都是以中职学生的特点为依托，充分考量学生的知识与能力水平，发挥核心素养的指导意义，使学生在当前基础上实现实质性的进步。第二，以基础知识为重。中职学生文化基础知识薄弱，必须从基础知识出发，才能有效培养学生的历史综合素质。历史学科的能力与价值观形成都是以史实为基础，学生必须对史实的基本内容有充分了解，才能做到以史为鉴。第三，以家国情怀为核心。树立爱国主义精神是中职历史学科核心素养的关键，学生要通过历史学习认同并践行民族精神，发掘历史的现实意义，将其中的核心价值贯彻落实于实践当中。第四，对学生思维与能力的要求较低。结合中职学生历史基础知识薄弱的特点，中职教学中对学生历史学科能力的要求不可过高，教师要基于现实，保持耐心，循序渐进地培养学生的学科思维与能力。

（二）中职学生培养历史学科核心素养的必要性

1.基于国家社会人才要求

当前，经济与社会高速发展，国家和社会对新型人才的需求与日俱增。全球化、信息化是这个时代的显著特征，中国特色社会主义建设也迈入新时代，国家与社会对人才的要求已不同往日。随着中国现代化程度与对外开放程度的日益提高，中国与全球各国的交流与联系日趋密切，综合型、实用型、开放型的新型人才成为当前所需。然而，当前我国中职教育在课程设置、教学方式上还未实现较大转变。作为人才输送的重要阵地，中职教育理应紧跟时代发展趋势，变革人才培养方式，将核心素养理念付诸教育实践，推动人才培养模式创新变革，打造适应新时代发展的高素质人才。

2.基于企业人才发展需求

中职院校是企业职工的重要来源。现代企业需要的是技术型、应用

---

① 李麒麟.基于核心素养的高中历史课堂教学目标研究[J].中华活页文选（高中版），2023（4）：115-117.

型、素质型人才。社会的高速发展带动现代企业发展变革，企业对文化建设的重视程度日益提升，并号召基层职工积极参与。因此，当前企业十分重视提高基层职工的文化素养，从而推动企业文化建设向好发展，改善企业精神文明建设情况。中职学校是企业基层技术人才的重要培养基地，因此必须在教学中注重学生的素质培养，才能适应现代企业的人才发展需求。此外，基于现实情况来说，当前大部分学生是因为成绩分数不够理想才选择就读中职学校的，而在中职教育中又以专业技能教育为重，这就容易导致学生更加不愿意在文化课上下功夫，从而使中职学生知识面日趋狭窄，文化素养不高，知识体系也不完善，这对中职学生就业不利。因此，培养中职学生的历史核心素养十分重要，只有提升中职学生的整体素质，才能提高职业院校毕业生在就业上的竞争力。

3.基于学生个人发展需要

当前学校教育强调要培养学生终身学习、终身发展的能力。对于历史学科而言，学生学习的知识或许不能进行即刻应用，但是学生在历史学习中积累的知识、形成的思维品质却能够伴随终身，良好的历史素养能够对学生终身发展产生重要积极影响。但是在中职院校中，大部分学生对基本的历史知识并不了解，对历史的发展脉络更是知之甚少。许多中职学生并不重视历史课程学习，他们的历史知识大多来源于电视剧、游戏等社会渠道。但是这些渠道中的历史信息错综混乱、娱乐性较强、真实性欠佳，而中职学生的基础知识较弱、文化内涵匮乏、辨别能力不强，很容易受这些信息误导，形成错误的历史观。因此，中职历史教学应当注重核心素养培养，帮助学生形成完整的知识体系，提升其文化素养，为学生的终身发展做好铺垫[①]。

二、历史教学设计的取向

随着新课改的不断深入，我国中职历史教学正在从"以教为中心"向"以学为中心"转型，这一转型过程强烈呼唤着改变传统历史教学单纯强调以教师的教为中心的教学设计，而转化为以学生知识自主建构为取向的教学设计。那么，为了实现历史课堂真正成为满足、实现学生主动的知识建构、精神成长的自主体验殿堂，教师便有必要从课堂教学设

①李增花.基于学科核心素养视阈下中职历史教学实践探究[J].知识文库,2023(11)：125-127.

计着手开始变革，以此为每一个学生的充分发展提供个性化、多样化的课程支撑。

知识自主建构为取向的教学设计其内涵在于，教师改变传统的以教为中心的教学设计，而是将教科书的知识资源进行二次的课程开发，以此形成能够提升学生主动参与的意识、掌握自主学习的方法从而实现知识自主建构的教学设计。也就是说，这一取向的历史教学旨在提升学习者学习的内在品质，即在学习中帮助学生积极主动探索，有强烈的自我意识和内在的学习动机，并能自我监控和自我调节，掌握一定的学习策略，达到对知识的深度理解。其区别于传统旨在以教师的教为核心的教学设计，主要体现在两个方面。其一，教师并非机械、简单的背教材、背知识点式的备课，而是进行一种课程研究、课程开发，对教科书知识点进行课程统整，对教科书知识所缺乏与学生生活、经验以及社会生活的断裂进行链接，以此实现将历史教学设计转化为学生学习为中心的设计方式。其二，这一教学设计其根本的出发点是如何让学生主动学习、自主管理、建构知识的问题，由此进而为达到学生认知、情感、意志全面发展描绘好蓝图。

这一教学设计并非空穴来风，实际上是对以下问题的回应与思索：首先，基于促进学生发展的需要。传统旨在倡导以教为核心的教学设计，仅仅关注现成教科书知识的机械传递、简单应用或是固定吸收。以知识自主建构为取向的历史教学设计旨在突破传统历史学科教学的症结与困境，旨在通过教师对教材知识的再度开发，以此以学为中心展开课程设计，并最大程度地关注学生的兴趣以及学习需要，最终帮助学生在历史知识的学习中主动建构自己的知识、能力与方法等。其次，基于落实新课程理念的需要。新课程实施以来，为中职历史教学带来了诸多变化，但由于深受传统教学认识论为旨趣的讲授教育学、传递教育学等教学惯习依旧大行其道。那么，以知识自主建构为取向的历史教学设计，旨在为深入落实、推进新课程理念，突出课堂教学中学生对于知识的主动的意义建构，推动课堂由呆板的"讲堂"向生机勃勃"学堂"转变。最后，基于推动教师专业发展的需要。由于深受传统教学观念的掣肘，历史课堂教学中教师仍过多重视教的目标设计而忽视对教学内容本身的二度开发、重知识的传授设计而忽视对学生主动探究能力与方法培养，这些传统观念进一步钳制了教师专业发展的能力。以知识自主建构为取向进行教学设计，将教学过程转变为教师研究学生，将备课转变为课程开发的实践与过程，以此提升教师的课程研究能力，并凝练出自己的教学风格，推动教师自身的发展①。

三、历史教学设计的定位

教学设计的科学与否，教学活动的高效与否，首先要回答3个问题：一是给谁上课，二是上哪门课，三是上何种课。所对应的，就是要在授课对象、学科特点、课型选择上进行准确的定位，从而保证教师在教学设计和课堂生成中能"从心所欲，不逾矩"。这一点，看似容易把握，其实并不尽然。

（一）对象：中职学生

教师的讲课、说课，着眼点是要让学生听懂、学会。强调教学对象，就是要教师对学生认知、心理特征的把握和遵循真正落到实处。中职历史课存在的一个突出问题就是教师在教学的目标定位、组织形式、活动过程上缺乏一个适切程度和效度的考量，有的教师甚至把中职课上成了普通高中课。尤其在公开课、比赛课上，有些教师似乎忘了听课的真正对象应该是学生，而不是坐在学生后面的评课专家和听课教师（在没有学生在场的虚拟课堂上更是如此），以至于自己的学识、技能似乎在课堂上展现得淋漓尽致，但学生参与学习活动过程的广度、深度和效度却乏善可陈。有的教师解释说自己正是为了职业教育与普通教育的统一。其实，教学若是与中职学生认知、心理特征相脱节，盲目地热衷于"向上看"，无异于拔苗助长。所以，教师应该切实转变观念，从专注于自身教得"精彩"的知识本位中脱身出来，转而重视学生学得"精彩"，落实以生为本。

（二）学科：历史

中职学生如果爱上历史课，往往因为历史课上"讲故事"，觉得有意思。但历史课到底讲什么、怎么讲、讲到什么程度，都要符合历史学科的理论规范和历史教学的技术要求。讲什么？自然是教材中涉及的基本历史知识。怎么讲？一方面，历史学科强调真实性，真实性依靠充分的

---

①俞静娟,赵珊珊.论知识自主建构取向的历史教学设计:意蕴及其策略[J].全球教育展望,2013(1):80-83,44.

证据，这就要求史论结合地讲；另一方面，强调用历史的语言，其实就是把历史事件的基本史实、来龙去脉等讲清楚。学生所期待的"有意思的故事"，就是要求教师把这两个方面的追求自然而然地呈现出来。讲到什么程度呢？中职阶段，重在培养学生对历史的学习兴趣，有了足够的兴趣，就为进入高职进行较深层次的历史学习提供了最好的准备。所以，教师能够深入浅出是最好，但面对一些复杂的历史线索，若做不到深入浅出，就应当适可而止，没有必要增加学生的认知负荷。毕竟，课程标准只要求中职学生掌握基本的历史史实。

（三）课型：新授课

新课程的推进，各种教学方法应运而生，历史教学也越来越多地采用探究性学习、小组合作学习、参与式学习等等，其科学性、合理性毋庸赘言。但正所谓"教无定法"，有效教学必然要求教学方法依据不同的情况进行优化组合、合理配比。教学情况中最大的不同，当是课型的不同。因此，教学方法的设计首先就要适合不同的课型。历史新授课，区别于综合课、巩固课、复习课、活动课、拓展课等，优先的教学目标是有效地完成新知识的习得和理解。从历史学科的本质特征出发，讲授法凭借其相应的优势，自然要占据较大的比重。对讨论法要巧用，对探究法等则要慎用。因为既然是新授课，学生的活动、探究如果只是涉及知识的小步推进，是有成功的可能；但若在没有背景知识的情况下，"热热闹闹"地去获取一些复杂知识，自然会因为缺乏"专业知识"的支持而归于失败。新课改初起时，鼓励教师大胆创新是题中应有之义，但新课改进入第二轮后，呼唤一些理性的回归也是必要的，许多专家、教师也在这么做了。

总之，中职历史新授课的教学，应该立足于对应的最优化策略，防止人为地贬低和躲避讲授法[①]。

四、中职历史的开设意义

在中职教育阶段，学生主要是学习专业技能，中职学校开设的课程也基本上属于实用型。而对于历史学科来讲，由于其理论性与人文性使

---

① 周云华. 初中历史教学：定位、设计与生成：基于一次《三国鼎立》同题异构活动的观察[J]. 教育研究与评论（课堂观察），2014(9):16-23.

得其在中职教学体系中的受重视程度并不高。然而，通过中职历史教学，能够使学生的历史与人文思维得到有效培养。并且，中职历史教学还能够发挥德育功能，为提高学生综合素质与品德提供有力支持①。

第三节 历史教学设计的要求与原则

一、历史教学设计的要求

教师要遵循将学生对知识的学习过程转化为发展核心素养的过程这一原则，从目标设置、过程设计、评价方式等方面着手，紧密结合历史学科核心素养要求，实现有效教学，达成课程目标。

（一）基于核心素养要求设置教学目标

基于核心素养要求设置教学目标，是实现有效教学的关键。教学目标关联着教学内容、教学活动和课堂评价，贯穿于教学的全过程，引导着教与学的方向。在教学设计中，教师要制定具体的学习目标，要了解学生的学习需求，对学科核心素养进行深入的理解。将课程标准转化为学习目标，这是一个复杂的过程，教师要系统地学习和研究课标内容，深入挖掘课标内涵。比如，"中华文明的起源与早期国家"一课，教科书简化了史事叙述部分，三个子目的设置强调了历史知识的概括性和综合性。中职学生在初中已经学习了相关内容，有一定的学习基础。课标要求学生认识新旧石器时代具有代表性的文化遗存、中华文明起源以及私有制、阶级和国家产生的关系，了解私有制、阶级和早期国家的特征。在课堂教学中，教师应培养学生的历史思维能力，以唯物史观为指导，构建时空框架，结合古籍文献和考古材料，引导学生认识文明、国家产生的过程，理解私有制、阶级、国家的出现与生产力之间的关系，了解中华文明历史悠久、多元一体的特点，增强学生的民族认同感，坚定学生的文化自信。教师可以制定以下教学目标：

第一，通过图表、文字等史料，识记新旧石器时代具有代表性的文

---

①陈艳梅.新课标视域下中职历史课堂有效教学研究[J].中学政史地（教学指导），2023（2）：28-29.

化遗存，认识早期文明产生的多源性和统一性。

第二，通过古籍文献和考古材料，认识生产力发展与私有制产生、阶级出现的关系，认识国家产生的条件。

第三，通过古籍文献以及甲骨文、青铜铭文，分析早期国家的特征，认识早期文明家国同构、华夏一体的特点。

（二）有针对性地设置教学任务

中职历史教材内容体量庞大，基于核心素养要求设计教学的难度也大幅度提升，因此，教师应有针对性地设置切实可行的教学任务。比如，"中华文明的起源与早期国家"一课，教师可以利用教科书中新旧石器时代文化遗存分布图，设置"对比图片，找出变化，分析变化原因"这一学习任务，引导学生认识生产力发展带来的变化，启发学生思考并分析中华文明起源的特点。同时，在设计教学任务时，教师不应只向学生传递历史知识，还应引导学生深入思考，培养学生的历史思维能力和家国情怀。

（三）择优选择教学方式与方法

教学方式与方法的选择一定要契合教学目标的达成，不必拘泥于固有经验。比如，史料教学是目前常用的一种教学方式，有利于增强课堂的趣味性和教学的科学性。因此，教师在教学中要注重对图片和文字史料的运用，选择精简的材料，引导学生学会分辨史料，学会利用史料分析问题，提高史料实证和历史解释的素养。比如，"世界多极化与经济全球化"一课，对于"探究经济全球化对中国的影响及其利弊"这一教学任务，教师可以提供托马斯·弗里德曼《直面全球化》一书中的部分内容，引导学生分析史料，培养学生提取信息和解读史料的能力。再如，在教学"改革开放以来的巨大成就"内容时，教师可以从"中国特色社会主义理论体系""综合国力""国际地位"三个方面入手，开展小组合作探究活动，指导学生进行分组讨论、史料阅读和交流探讨，提高学生的合作能力和解决问题能力，让学生在探究历史知识的过程中积累知识和技能，达到"立德树人"的目标。另外，教师还可以运用讲述法、直观演示法等教学方法[①]。

---

①李月新. 基于核心素养的高中历史教学设计刍议[J]. 中学课程资源，2023（2）：58-60.

二、历史教学设计的原则

(一)历史教学设计的基本原则

历史教学设计的目的就是优化历史课堂教学，提高课堂教学有效性。作为教学活动的系列设计，必须以系统性原则贯穿始终，科学性原则为指引，在教学实施中体现生成性原则与互动性原则，坚持这四个最基本的原则才可让历史教学设计更加科学、高效，最终实现学生对历史学科的高效学习。

1.系统性原则

系统性原则是根据系统论的思维在教学设计活动中一以贯之的原则。教学活动作为一个整体的系统实践活动，其中涉及众多要素，比如学生、教师、教学媒体及方法等。教学设计主要以系统论的理论与方法来整合教学中的各个要素，并且有机地结合起来，使得教学活动达到最大最优效果。具体而言，教学设计是由教学的目标、内容、过程、方法、评价以及教学反思等组成，互相独立且互相联系，相互依存而又相互促进，组成一个有机整体。

2.科学性原则

科学性作为历史教学设计的重要特性，是对历史史实的尊重和客观反映。历史是对过去史实的呈现，教师必须引导学生进行合理的联想想象，分析历史故事背后发生的主观、客观原因，以及内因与外因，原因与结果之间内在的复杂联系。因此，在教学中教师必须让学生的认识结构多元化，对历史的整体面貌必须掌握清楚，多角度、全方位认识历史现象，揭示现象背后的历史本质。在教学设计中，教师要本着科学、严谨、求真的治学与教学态度，不仅要准确把脉历史课程的标准，还要兼顾学生的学习现状及学习兴趣，让学生积极参与课堂活动，调动学生的主观能动性，将历史知识真正融于学生的日常生活之中，最终达到运用历史科学知识解释现实生活的目的。

3.互动性原则

互动性强调课堂教学活动中教师与学生的有效互动与交流，是教学设计得以实施的重要原则。课堂教学是教师"教"与学生"学"之间的有效互动交往活动，在教学设计中如何贯彻互动性原则是历史教师的重要职责。中职历史课注重学生对知识的迅速掌握，能够利用课本知识解答考试问题，能够将课本知识融会贯通，因此在教学设计中一定要以学生学习为中心，关注学生对历史知识的理解与运用。而互动性正是要求教师在课堂教学设计中与学生进行交流，了解学生此时此刻的所思所想，把握学生的课堂思维，能够发现学生对历史知识掌握中的疑难问题，及时帮助学生解决。

4.生成性原则

新课程改革与中国学生核心素养的提出，再次对传统课堂提出了质疑与挑战，越来越倡导以学生学习为中心的教学，提倡学生自主、探究、合作式学习，因此生成性教学再次受到重视。生成性教学能够彰显课堂的生机活力，是教师与学生交流互动的有效表征，也是教师在新时代培养学生创新性思维与创造性能力的必然要求。生成性原则作为历史教学设计的重要原则，在原有历史史实的基础上，注重在教与学的过程中师生之间互动生成的情境性知识[1]。

（二）中职历史教学设计的原则

1.文化素养与职业素养相结合的原则

在当前教育形势下，中职教师应当摒弃落后的教育理念，对教学方法与教学内容进行优化组织，科学处理学生的文化课与专业课之间的关系。因此，教师必须遵循文化素养与职业素养相结合的原则，兼顾平衡。文化知识是职业技能发展的土壤，学生必须拥有一定的文化基础，才能熟练掌握职业技能。只有具备一定水平的综合素养，学生才能在社会上立足，做对社会有益的事。历史课程教学正是培养学生正确社会价值观的重要途径。但是当前许多中职院校存在重专业轻文化的现象，尽管历史课程已被规定为中职学生的必修课程，但是部分院校在这门课上的重视程度不足，学生无法获得系统、专业的历史教学，从而无法形成健全的历史思维，学生的价值观也会受到不利影响。因此，在中职教育中，职业素养与文化素养都需要重视培养。

2.学生特点与学科特点相结合的原则

教师在进行历史教学时，必须充分了解学生特点与学科特点。首先，

①徐艳.高中历史教学设计的原则、要素及优化[J].教学与管理,2019(6):114-117.

在教学目标设计上，根据中职学生历史基础薄弱的特征，教师不宜设置太高的知识与技能目标，避免打击学生的学习积极性；在核心素养方面，教师要以吸引学生兴趣为基础，结合教学内容设定合适的素养目标。其次，历史本身是富含趣味性的一门课程，教师在教学中应结合班级学生特点对教材内容进行增删调整，从而突出历史学科的趣味性。同时，在教学方法上，教师应当结合学生较为活跃的特点适当增加课堂互动，根据学生的水平设计难度合理的问题，引导学生投入学习。此外，在作业布置方面，教师要尽量减少作业量，多布置实践探究类作业，发展学生实践能力。

3.知识、能力与价值观协调发展原则

随着社会的发展，当前中职学生面临的社会竞争压力相比于过去大大增加。中职学生不仅需要掌握基本的职业技能，还必须具备一定的文化知识与较高的综合素养。因此，教师在教学中要注重学生的协调发展。核心素养目标是融合于三维目标当中的，因此培养学生的核心素养也就是促进三维目标落实。在中职教学中，教师必须帮助学生掌握学科基础知识，这是学生发展其他素养与能力的基础。学生必须掌握一定的基础知识，才能形成相关的史学能力，包括历史思维、历史分析等，并实现思想与价值观念的升华，从而实现三者的协调发展[①]。

第四节 历史教学设计的要素

一、历史教学设计的必备要素

教学目标是历史教学设计的灵魂导向，教学内容是历史教学设计的实施载体，教学策略则是教学活动实施的路径选择，作为源泉动力的教学评价应贯穿教学的始终，教学反思是对整个教学设计活动的反思与修正依据。

---

①李增花.基于学科核心素养视阈下中职历史教学实践探究[J].知识文库,2023(11):125-127.

（一）教学目标：历史教学设计的灵魂导向

教学目标是一切教学活动得以开展的指针。就我国中职历史课程而言，其教学目标主要有三个：第一，通过中职历史课程学习，扩大学生的历史知识掌握范围，深入了解历史发展的基本线索；第二，通过中职历史课程学习，初步认识唯物主义理论与方法，以此了解人类及社会的发展规律及客观对待现实问题，以此构建科学的历史观与世界观；第三，树立不断完善自我、为祖国社会主义现代化建设做贡献和关注民族与人类命运的人生理想。随着课程改革的不断深化，知识与能力、过程与方法、情感态度与价值观成为指引历史教学活动实施的三个主要目标，中国学生核心素养报告提出后，历史教学设计不断思考学生应具备的历史学科素养，在探索中前进。无论是以什么作为具体的教学目标，都必须学习历史知识，了解人类发展及社会变迁的规律，以历史经验为现实发展提供借鉴。教师作为教学设计者，在历史课程的设计中以课程标准为基础，将国家课程深化为教师自我领悟性课程，结合学生学习情况，逐步提高学生的认知能力，培养正确的人生观、世界观与价值观。

（二）教学内容：历史教学设计的实施载体

教学内容是教与学活动开展的载体，没有具体的学习内容则没有教学活动。教学活动是以学生学习为中心的活动，因此广义的学习内容就是教学内容。教学内容解决"教什么"的问题，按照泰勒原理也就是"提供哪些教育经验来实现这些目标"。在中职历史课本中究竟应该安排什么样的内容？哪些历史知识是中职学生必备知识？哪些则是选修知识？教材的编排中尽量考虑到教师与学生对知识的诉求差异，满足师生对历史知识的学习。历史学科按照国家课程标准编排后，教师在具体的教学活动中如何选择？选择哪些内容作为这节课的讲授内容，而又选择哪些作为辅助材料分析？因此，按照美国学者古德莱德五种课程观，在具体教学中，教师要内化教材知识体系，根据学生特点与心理差异安排差异化学习内容。教师根据必修与选修课本、世界史与中国史、古代史与近代现代史等划分维度，在课堂教学中科学合理计划，根据学时与考纲灵活掌握所教知识，并且将知识与方法有趣、有效地教给学生。

(三)教学策略:历史教学设计的路径选择

教学策略是确定教学目标,选好教学内容后思考"该如何实现这些目标"的路径问题。教学策略与教学方法是不同的,教学方法是多种多样的方法个体,而教学策略则是在教学设计中强调将各种方法途径有机整合并加以运用的整体。随着新课改的推进与信息技术的发展,大部分中职会在历史教学中运用多媒体技术,比如将历史图片、故事或名人相关资料等内容投放到多媒体上,这样既能吸引学生的注意力,又能丰富历史教学设计,激发学生学习历史知识的积极性,但是教师将大部分时间花费在做课件、查找具体素材等方面,没有充分的时间研习教材、分析学生学情等。再如小组合作教学,大部分教师注重学生分组开展课堂活动,但是在小组合作中学生不能利用课堂时间完成规定的任务,一部分学生滥竽充数,合作中存在大量难以避免的问题。因此,在具体的实际课堂教学活动中,必须将教学方法使用妥当,否则会产生更多新问题、新难题。

(四)教学评价:历史教学设计的源泉动力

教学评价是对所实施的教学活动的一种测评,是与教学目标进行比对、检验教学效果的重要环节。从不同的视角出发,教学评价的划分结果也是不同的,就我国学界教学评价划分现状来说,主要有两种划分形式:一种是以其性质和功能为依据,划分为形成性评价、诊断性评价和总结性评价三类;另一种是以其参照标准为依据,划分为标准参照评价和常模参照评价两类。教学评价具有导向功能、激励功能、诊断功能等,作为历史教学评价,要让学生的学习符合课程大纲、达到教学目标的各项要求,在中职历史教学设计中教师就必须具有系统思维将教学各个要素有机结合,在教学过程中不断实现具体的教学目标。然而,在现实中职历史课教学中教学评价存在种种问题,不能发挥教学评价应有的功能与价值,教学评价被教师独断专行,只知追求高考升学率,在教学中一切围绕分数转,无法顾及学生的全面发展。

(五)教学反思:历史教学设计的修正依据

教学反思是教学设计至关重要的环节,教师在书写每节课教案时必先思考课堂教学中容易发生的问题,师生之间在课堂教学中如何开展活动，在教学过程中的预设性问题与生成性问题都应提前做好准备。教学反思对教师而言，具有非常积极的价值与意义，能有效促进教师尤其是年轻教师的成长。教学反思是教师对教学设计各个环节的整体回顾与反思，在反思过程中追求以学生学习为中心，达到学习效果最优化。比如在教学反思中对学生课堂历史知识匮乏无法理解史料分析题，教师就应该针对学生对某一些历史内容的盲区进行整体讲授，弥补学生对知识的欠缺。假如学生在课堂教学中无法集中注意力、不能紧跟教师的思路学习，教师在日后的教学中就应该注意课堂导入的灵活性、教学过程的趣味性等，以焕发学生在课堂中的生机活力。教学反思对中职历史教学尤为重要，无论是日常的教学活动或是为考试而模拟练兵，教师要反思教与学中遇到的问题，及时指导学生，而学生也应积极主动寻求教师的帮助，师生共同面对教学难题，在探索中一起化解，真正发挥教学反思在教师"教"与学生"学"中的独特作用和价值[1]。

二、中职历史教学设计要素探微

（一）大概念与教学内容整合

在新版课标中，提出了以课程核心素养为导向、整合教学内容的教学要求，而"运用大概念对教学内容进行整合"是重要的方法和路径。所谓大概念，简而言之，就是指"那些能够将分散的知识、技能、观念等联结成为整体，并且赋予它们意义的概念、观念"。按照目前学界的研究，历史教学中的大概念可以进行多层面的整合和提炼，例如：

能够统领整个学习板块的大概念，即学习板块大概念。

能够成为单元主题学习重要抓手的大概念，即单元大概念。

能够串联课时教学内容的核心概念或重要观念，即单课大概念。

下面就以中国历史第一册第四单元第19课"北魏政治和北方民族大交融"为例，尝试解读大概念整合教学内容的理路。

魏晋南北朝是秦汉大一统之后的一个分裂期，多个政权并立，分裂割据、政局纷杂。但正是在魏晋南北朝时期，各民族之间加强了交往、交流与交融，具体表现为北方游牧民族的内迁、南方地区汉族与山越族的共处、北方地区的民族交融，民族认同感加强，民族之间的隔阂减少；

---

①徐艳. 高中历史教学设计的原则、要素及优化[J]. 教学与管理，2019(6)：114-117.

南北方区域经济发展尤其是南方地区得到开发；科技、文化在两汉基础上也有了显著的进步，凸显了民族交融的文化成果。这都为新的统一局面的出现与隋唐的繁荣奠定了基础。

由此，在中国古代史学习板块大概念"统一多民族国家的建立、巩固与发展"的统领之下，魏晋南北朝的单元大概念可确立为：政权分立与民族交往交流交融。将之进一步细化分解，本单元教学重点如下：

政权并立：三国鼎立；西晋短暂统一；南北朝对峙。

民族交融：北方游牧民族的内迁；汉族与山越族的共处；北方地区的民族交融。

区域经济发展：北方经济的恢复；诸葛亮治蜀；江南地区的开发。

民族交融中的科技与文化：贾思勰与《齐民要术》；祖冲之与圆周率；佛教与绘画、雕塑等。

具体到"北魏政治和北方民族大交融"这节课，经历了长期混战后，原有民族布局被打乱，各族之间频繁接触，差异逐渐缩小，重新统一北方的北魏，在吸取前秦败亡（民族尚未充分交融、统治基础脆弱）教训的基础上，推行汉化改革，推动了文化认同和民族心理认同。这一时期的北方民族大交融，为中华民族发展注入了新活力，为隋唐时期多民族国家的繁荣与发展奠定了基础。因此，可设定单课核心概念为"北方民族大交融"。单课教学重点为：

淝水之战的历史反思与启示；北魏孝文帝改革在民族交融推进中的意义；北方民族大交融的表现与析因。

"教学中的大概念是课程内容所要围绕的核心和基石，处于教学内容的核心位置，对学生学习具有引领作用。"整合"大概念"的基本路径可以提炼为：学习板块—学习单元—学习单课。我们在强调"大概念"的同时，还要防止两个倾向：一是要防止历史知识建构的"泛概念化"；二是要避免学习过程中一味的"概念先导"。所谓"泛概念化"，即把所有史实概念都等同于"大概念"。史实概念，如历史事件（王安石变法、文艺复兴运动等）、历史现象（维新思潮、启蒙思想的传播等）、政治经济制度（科举制、人民代表大会制度等）、历史文物（青铜器、甲骨文等）等具体概念，不是真正意义的大概念，能把分散的知识、技能、观念等联结成为整体的"中职历史学科大概念主要应包括史论概念、重要命题和基本原理等"。因此，运用大概念开展教学的第一步是根据基本路径找准"大概念"。锁定"大概念"后的教学实施，要符合历史教学从具体知识中归纳总结历史特征、进行历史解释、获得历史启示的教学特征，不能把课堂教学变成"概念先导"下教师先宣布自己的"大概念"结论，再证明该结论的"历史证明题"。

（二）内容主旨与教学目标制定

在大概念整合教学内容的基础上确定单元与单课内容主旨，其实就是对大概念的具体阐释。在内容主旨的指导下确定以核心素养为导向的教学目标，可以为下一步教学的实施找准方向，把握重点。

内容主旨针对的是课程内容，其表述更侧重于史学意义；教学目标的主体是学生，其表述则应相对侧重教学意义，讲求的是对目标行为动词的把握及运用。教学目标要在内容主旨的基础上，结合学生的实际来制定。尽管教学目标中蕴含着贯彻内容主旨的要求，但两者的表述方式是不同的。

例如，中国历史第四册第三单元第9课"对外开放"，课标要求知道"经济特区建设、沿海港口城市开放、上海浦东开发开放、加入世界贸易组织等史事，认识邓小平对改革开放所起的重要作用，认识改革开放对中国社会发展的重大意义和对世界的重要影响"，可以理解为课标要求学生掌握对外开放的基本史实，理解对外开放是我国的强国之路。本课由三部分组成——"经济特区的建立""对外开放领域的扩大""加入世界贸易组织"，三部分内容时序和逻辑都呈递进关系。深圳是经济特区的代表、对外开放的"窗口"，其后，中国对外开放的区域不断扩大，从沿海向内地逐步推进。对外开放取得了巨大成就，是强国之路，推动了社会主义现代化建设。基于此，如前述路径，中国现代史学习板块的大概念可以提炼为"社会主义现代化"，统领第三单元的单元大概念可以提炼为"改革开放与中国特色社会主义建设"，那么本课的单课大概念可以聚焦于"对外开放是我国的强国之路"。单课和单元大概念从属于整个板块的大概念。

在大概念的统领下，本课内容主旨可确定为：十一届三中全会后，中国对外开放有计划、有步骤地展开，从深圳等经济特区的创建，到逐步形成全方位、多层次、宽领域的对外开放格局，再到加入世界贸易组织。实践证明，对外开放是建设中国特色社会主义的重要途径和保障，是我国的一项基本国策、强国之路。

将之分解为教学目标，即知道以深圳为代表的经济特区的建立及其在社会主义现代化建设中所起的作用；通过对历史文献、地图、视频、照片等材料的分析解读，总结对外开放格局的形成过程及特点；利用上海乡土资源，尝试从个人发展、地方发展、国家发展等角度理解对外开放的历史意义、中国加入世界贸易组织的意义；从对外开放取得的惠民成果与国际地位中，感悟对外开放是推动我国社会主义现代化建设的必由之路。

（三）情境创设与历史细节描述

实事求是地说，在目前的中职教育中，存在一个学生喜欢历史但不喜欢历史课的现象。除了一些客观方面的原因外，很大程度上是由中职历史课堂教学本身的枯燥乏味所造成的，而这一"枯燥乏味"现象其实是部分教师忽视历史学科特性的外在表现。中职历史课程的本质是知真求真，正如梁启超先生所言："绝对的真相，虽欲难求，然在可能范围内，亦应当努力求去；若不求得真相，一切都无从做起。"课程标准中所提的历史学科"认识历史规律、培养家国情怀、拓宽国际视野"等功能得以发挥的前提，就是求真相、求真实。部分教师把历史教学等同于梳理讲解历史知识，梳理完还不放心，最好再划一下重点，安排一下默写。这样的历史教学省略了带领学生求真的过程，简化了引导学生考证的过程，放弃了启发学生思辨的过程，最后变成了知识点的堆砌，背离了历史教学的应有之义。

改变这一现象的策略之一就是创设教学情境。创设适切的情境导入新课或进行教学环节过渡，简单来说是提高中职历史课堂吸引力的良策，实质是用历史思维解决问题，达成历史学科核心素养的要求。例如，在世界历史第二册第四单元第13课"法西斯国家的侵略扩张"的教学中，教师可以采用如下导入新课的方法，引导学生进入情境。

（出示图片1，略）这幅画叫《有着架子床的房间》，作者是一个名叫埃丽卡的小女孩儿，她1934年出生在布拉格，7岁那年被遣送到奥斯维辛集中营。在这幅画里，埃丽卡记录了自己的生活，也画出了一个小女孩儿的憧憬。她的画面前端留出了很大的空间，这里放上了集中营里没有的鲜花，让蜜蜂围绕着花朵，花瓶上也刻上爱的印记。花儿无论是颜色还是姿态都生动而和谐。时时处于饥饿中的埃丽卡还在花儿旁边放上了满满的一盘水果！

（出示图片2，略）但实际上，有着架子床的房间十分拥挤且充满着哀伤，孩子们饥饿、寒冷、经常生病，又想念妈妈。埃丽卡把架子床推得远远的，也把残酷的现实生活远远地推开。这幅画完成于1944年，同年10月，埃丽卡被杀死在奥斯维辛集中营，那一天离她的10岁生日还有12天。相信大家已经知道了，我们的埃丽卡之所以经历这些，是因为她是一个犹太人，犹太人的这场悲剧由何而来呢？谁举起了疯狂的屠刀？就让我们带着这个疑问进入今天的历史学习（出示课题：法西斯国家的侵略扩张）。

"法西斯国家的侵略扩张"一课的内容主旨可以定位为：在世界经济危机的沉重打击下，意、德、日先后确立法西斯体制，英、法、苏等大国避战自保的绥靖政策，纵容法西斯国家对外扩张的野心不断膨胀。欧亚战争策源地的形成，最终触发第二次世界大战。前文导入新课的历史情境，能契合本课内容主旨，以小见大，反映纳粹政权对犹太人的残酷迫害；有助于引发学生对法西斯暴政这一历史现象的思考，激发学生去追问故事背后的历史本真。

教师在课堂上通过历史细节描述来突破教学重难点，也是历史"求真"之路的一个有效策略。课标之所以提出"通过教师清晰、明了、具体、生动的讲述，使学生知晓历史的背景、主要经过和结果，清楚地了解具体的历史状况，理解所学史事的核心、特点、意义及影响等"要求，亦是引导教师的教学过程符合历史学科内涵与本质。例如，"对外开放"一课，教师可以设计如下细节描述：

师："特区"的"特"，就是实行特殊的经济政策和经济管理体制，允许外国企业或个人进行投资活动，并在进出口、减免税等方面提供优惠条件。有了这些优惠的政策，为什么教材还说建设经济特区是"杀出一条'血路'来"呢？经济特区在创办之时遭遇了哪些困难呢？下面老师举一个小例子，同学们来体会一下。

1979年的蛇口是改革开放的前沿阵地。当时，蛇口急需新建一个码头，建码头要炸山填海，大量的土石方需要转运。工期紧迫，但吃惯

"大锅饭"的工人们却在"磨洋工"，上厕所、车抛锚、迟到早退……即便是开着进口的挖土机和翻斗车，施工队每天每辆车也只能拉20多车土石。眼看着工期赶不上，怎么办？当年10月，蛇口工业区开出了一剂"猛药"——定额超产奖励制：工人每天装运石料定额40车。超出的，每多拉一车，就奖励4分钱。超产奖励制度一出，整个工地都沸腾了，干劲很快被调动起来，工程进度也飞速提高。码头一期工程提前1个月竣工，为国家节省资金约130万元。但很快，反对"奖金挂帅"、认为此举"冲了红灯"的质疑声四起。1980年4月，"4分钱"定额超产奖励制被叫停，码头二期工程的进度像踩了急刹车一样慢下来。在二期工程面临逾期的情况下，一份内参被直接送进了北京。当年8月，在党中央的支持下，蛇口工地上的定额超产奖励制度重新恢复，并且进一步细化为：工人每天完成55车定额任务，每车奖励2分钱；超出55车，每车奖励4分钱。工地上热火朝天的场面又回来了。那年冬天，每位建设者都收到了另一份提前完工的"特殊奖金"。

同学们，你们认为当时"杀出一条'血路'"表明了中央政府对于对外开放怎样的态度？

生：旧的经济模式、管理方法、思想观念不是一夜之间就能消失的。对于坚持对外开放，中央的态度是坚决的。

师：的确如此，老师只是给你们举了一个例子，这样的例子当时有很多。经济特区是社会主义的新生事物，杀出一条"血路"，既表明了中央对外开放的坚定决心，也反映出当时存在重重阻力。既没有经验可以参考，能不能成功也没有把握，正是本着一股"杀出一条'血路'"的干劲，以深圳为代表的沿海特区迈出了对外开放的坚定步伐。

课堂上的历史细节描述，不是戏说，也不是随意地抓到什么故事就讲什么故事。选择历史细节的标准，不仅追求生动有趣，更要紧扣这堂课的内容主旨与教学重难点。本课的教学重点可确定为"对外开放格局的形成及作用"，教学难点可确定为"实行对外开放的必要性"，设计深圳蛇口的细节描述，可以加深学生对改革开放必要性、重要性以及所要克服的艰难险阻的理解。单课的教学重难点，是历史学习板块和单元大概念的具体化实施，是单课核心概念的落脚点，从这一意义来说，历史细节叙述指向的上位目标，是历史理解与历史解释，是学科核心素养的达成。

（四）史料选择与课堂问题设计

"史学便是史料学"，这句话既表达了傅斯年先生对于史料和文献的钟爱，也从一个侧面反映了档案文献、实物、口述等史料对于历史研究和历史教学的重要依托作用。如何选择适合进入中职历史课堂的史料，如何运用史料设计有思维深度的问题，如何通过史料教学提高学生的史学思想方法水平，都是值得思考与探索的历史教学设计要素。

引入课堂的史料，从教学角度而言，要与教学内容、学情相匹配，要紧扣内容主旨，要有利于教学目标的达成。从史学层面而言，要遵循史料选择的基本规范，如尽可能地使用一手史料，必须使用二手史料时，应优先使用年代较早的；重视不同类型史料的相互印证，如直接史料和间接史料的相互印证，实物史料与文献史料的相互勘补，构建证据链；重视史料的考证，不仅是辨伪，真实的史料也需要进一步考证；建立"史由证来"的意识，有一分证据说一分话，历史研究结论的基础是占有足够多可信度强的史料；运用史料作为证据论证观点时，要注意证据与结论的一致性，逻辑要严密，以充分的史料为依据形成"历史认识"；关注因为研究对象的不同，史料类型本身的变化；等等。以"从'贞观之治'到'开元盛世'"的史料为例说明。

无复盗贼，囹圄常空。又频致丰稔，米斗三四钱。

——吴兢《贞观政要》

自贞观以后，太宗励精为理。至（贞观）八年、九年，频致丰稔，米斗四五钱，马牛布野，外户动辄数月不闭。至（贞观）十五年，米每斗值二钱。

——杜佑《通典》

忆昔开元全盛日，小邑犹藏万家室。稻米流脂粟米白，公私仓廪俱丰实。（九州道路无豺虎，远行不劳吉日出。齐纨鲁缟车班班，男耕女桑不相失）

——杜甫《忆昔其二》

选择当时的史书记载、史家评论、文学作品（诗歌），既符合"尽可能选择一手史料"的原则，也符合中职学生的史料阅读理解能力，在生僻字上标注拼音，可以帮助学生提高阅读的流畅度。在史料基础上提出问题"通过以上三段材料，同学们对唐朝前期有着怎样的印象？请尝试结合材料具体阐述一下"，引导学生从史料中提取信息，教师示范提取史料的表层信息与深层信息的路径，让学生习得运用史料开展学习的方法。这一教学设计的目标是帮助学生理解与体会唐朝前期的繁荣，及帮助学生建立"孤证不立""有一分证据说一分话""论从史出"等史证思想方法。人文学科的知识浩如烟海，比知识更重要的是历史学的思维方法。

在教学实践中，中职对于基于史料的课堂问题设计之原则，也尝试进行了提炼。例如，选材与设问之间的逻辑要严密，要根据史料的类型、性质、特点设计问题；要围绕教学目标有层次地展开；要有利于突破教学重点与难点，多设计有思维含量的问题，少问纯知识梳理型的问题。在中国历史第四册第六单元第19课"社会生活的变迁"中，为了帮助学生完成从具体到抽象、从感性认识到理性认识的思维路径，教师可以进行如下选材与设问。

材料：表格《改革开放前后社会生活的变迁》、照片《1966年的全国通用粮票》（略）。

设问1：同学们，改革开放前后，人们在饮食上有什么变化呢？

提炼归纳角度：改革开放前，饮食结构比较单一，有些农村甚至没有解决最基本的温饱问题。居民们购买粮食，不仅要带上钱，还要带上粮票，当时的粮票分为全国粮票与地方粮票。改革开放以来，十几亿人口的吃饭问题基本得到了解决。人们不但能"吃饱"，而且还要"吃好"，讲究营养均衡、粗细搭配，绿色食品等科学卫生的概念也日益深入人心。

设问2：同学们有没有发现，过去人们觉得难以下咽的野菜、窝头，现在吃起来好像味道也很不错。为什么发生了这样的变化呢？

思考角度：过去物资比较匮乏，人们可以选择的食物品种比较少，野菜难以下咽，仅是用来充饥。改革开放以来，随着经济的发展，食品供应充足，种类丰富，野菜是用来均衡营养搭配的，而且是野菜精做、粗粮细做，口味经过了改良，是时髦的绿色食品。

设问3：请同学们再思考一下，中华人民共和国成立至今，衣、食、住、行、用等方面的发展变化和哪些因素有关？

思考角度：中华人民共和国成立后，社会主义制度的建立，极大解放了生产力，经济水平快速提高，改善了人民的物质生活条件。党和政府以人为本，不断调整经济发展政策，制定了正确的发展纲要，特别是作出了改革开放的正确决策，使我国综合国力大大提高。衣、食、住、行、用等方面的发展变化，是新中国从"站起来"到"富起来"的缩影。

"社会生活的变迁"一课的教学内容看似简单，其实社会生活史的教学很有难度，很容易上成简单的介绍、罗列，缺乏历史味。这一教学设计中的选材贴近学生的年龄特点，票据直观形象，利于激发学生兴趣。设问层层递进，引导学生从原因与结果的范畴分析历史现象，理解社会生活的变迁折射出时代的变化和国家的发展。

教学设计的要素还有很多，以上仅是就其中的部分要素进行了小小的探究，希望结合教学实践，总结出一点经验，在新课程理念的指导下进一步提高中职历史课堂教学实效。历史是什么？历史就是当你脑海中所有的时间、地点、人物、事件都模糊后所剩下的东西。历史教学给予学生的是看问题的宏观视野、综合分析的思维方式、因了解史事而常常秉有的通达心态。正是基于这样的思考，笔者进行了如上关于中职历史教学设计要素的探微[1]。

---

①刘琼敏. 新课标视阈下初中历史教学设计要素探微[J]. 历史教学(上半月刊),2023(2):19-24.

第二章　基于历史学科核心素养教学目标设计

第一节　基于历史学科课堂教学目标的内涵

一、课程目标

中等职业学校历史课程的目标是落实立德树人的根本任务，使学生通过历史课程的学习，掌握必备的历史知识，形成历史学科核心素养。

第一，了解唯物史观的基本观点和方法，包括生产力和生产关系之间的辩证关系、经济基础和上层建筑之间的相互作用、人民群众在社会发展中的重要作用、人类社会形态经历了从低级到高级的发展过程等，初步形成正确的历史观；能够将唯物史观运用于历史的学习与探究中，并将唯物史观作为认识和解决现实问题的指导思想。

第二，知道特定的史事是与特定的时间和空间相联系的；知道划分历史时间与空间的多种方式；能够在不同的时空框架下理解历史的变化与延续、统一与多样、局部与整体；在认识现实社会或职业问题时，能够将认识的对象置于具体的时空条件下进行考察。

第三，知道史料是通向历史认识的桥梁；了解史料的多种类型；能够尝试搜集、整理、运用可信的史料作为历史论述的证据；能够以实证精神对待现实问题。

第四，能够依据史实与史料对史事表达自己的看法；能够对同一史事的不同解释加以评析；学会从历史表象中发现问题，对史事之间的内在联系作出解释；能够全面客观地评价历史人物；能够实事求是地认识和评判现实社会与职业发展中的问题。

第五，树立正确的国家观，增强对祖国的认同感；能够认识中华民族多元一体的历史发展进程，形成对中华民族的认同和正确的民族观，增强民族团结意识，铸牢中华民族共同体意识；了解并认同中华优秀传统文化、革命文化、社会主义先进文化，引导学生传承民族气节、崇尚英雄气概，认识中华文明的历史价值和现实意义；拥护中国共产党领导，认同社会主义核心价值观，树立中国特色社会主义道路自信、理论自信、制度自信、文化自信；了解世界历史发展的基本进程，理解和尊重世界各国、各民族的文化传统，树立正确的文化观，形成开阔的国际视野和人类命运共同体的意识；能够确立积极进取的人生态度，树立劳动光荣的观念，养成爱岗敬业、诚信公道、精益求精、协作创新等良好的职业精神，树立正确的世界观、人生观和价值观①。

二、核心素养下的中职历史课堂教学目标

从课堂教学目标的功能与特点来看，具体到中职历史学科，基于核心素养的中职历史课堂教学目标应是教师依据中职历史新课标的课程目标要求、新课标规定的课程具体内容、新教材内容、具体学情以及教师主体性课时教学理解与立意，设计与指定的关于历史教学将使学生发生何种变化的明确表述，即在课堂教学活动中所期望得到的学生的历史学习结果。中职历史课堂教学目标设计，从教学目标的层级来分析，则是指将中职历史课程目标更具体地转化为各课时教学目标的过程②。

三、历史课堂教学目标的内涵

教学目标是教学的出发点和归宿，评价教学目标设计的合理性与达成度是为了检验教学内容及教学组织安排以及学生学习的效果。并且《中等职业学校历史课程标准（2020年版）》指出：历史课程的教学以学生为本，充分考虑学生学习历史、认识历史的特点，通过学生自主探究的学习活动，体现学生在教学中的主体地位，实现历史课程育人方式的变革。如何落实以学生为本的教学观念，体现学生的主体地位，教学目标的制定就是有效途径之一。课堂是我们进行教育教学的主阵地，在有限的时间内我们要让学生掌握哪些知识和技能，如何掌握，掌握到哪种程度，这是历史教师每节课都要面临和思考的问题，也是教学目标要

①中华人民共和国教育部.中等职业学校历史课程标准:2020年版[M].北京:高等教育出版社,2020.
②李麒麟.基于核心素养的高中历史课堂教学目标研究[J].中华活页文选(高中版),2023(4):115-117.

解决的主要问题。

　　教学目标是学习活动的灵魂所在，它指明了教学的方向，规定了课堂教学内容、重难点，指明了教学的深度、广度和学生所要达到的能力水平。因而，教学目标是上好一节课的关键，是提高教学质量和效益的有效保障。据多年的教学探索与实践，教学目标的制定有三大依据：分别是课标、教材和学情。课标规定了学生所要达到的能力水平，限制了教学目标的宽度和深度；教材展示的是完成课标我们可以借助的辅助性的学习材料，也就是学生达到这一水平必须具备的知识，而学生学习的起点则是我们对学情的把握。因而，要想充分发挥学生的主体地位，借助课堂充分发挥历史学科的育人功能，落实立德树人的根本任务，就必须制定科学的、行之有效的教学目标[①]。

第二节　基于历史学科课堂教学目标维度的确立

一、坚持整体性与全面性统一的原则

　　在设计历史课的课堂教学目标时，中职历史教师应首先充分掌握中职历史课程目标，制定或理解课程所在单元的单元目标等，并与它们形成优化的整体。其次，课堂教学目标本身也是一个分层的整体，它包括不同的类型和层次，如认知目标、情感目标、价值观目标等。根据美国教育家布鲁姆对教育目标的分类，认知目标等各个层次的目标可以分为六个层次：记忆、理解、应用、分析、综合和评估。教师应使所有类型和级别的课堂教学目标相互关联，并保持目标的完整性。同时，学生的发展需求是多方面的，教师应该努力让学生在各个方面都得到发展。但是，全面不等于平衡，全面发展不等于平均发展，而是全面而有重点地发展。

　　如中职将中外历史纲要（下）第5课"古代非洲与美洲"的教学目标设计为：

①杜翠格. 素养导向下初中历史教学设计中教学目标的制订及检测策略研究[J]. 中文科技期刊数据库(引文版)教育科学,2023(4):63-66.

- 035 -

第一，识读古代非洲与美洲文明地图，能够准确指出古代非洲、美洲代表性文明的地理位置，说出其兴衰时间。（时空观念）

第二，阅读教材，以表格形式梳理并能列举古代非洲与美洲文明发展的主要成就：结合相关史料，分析与概括两种文明产生与发展的基本特点。认识古代非洲与美洲文明是人类文明不可或缺的组成部分，感悟世界文明的多样性和多源性。（史料实证、家国情怀）

中职在设计上述课堂教学目标时，用括号标明本节课主要聚焦的核心素养，如，第一条目标对应的"时空观念"，第二条目标对应的"史料实证""家国情怀"。但这也并不意味着整节课的教学完全没有体现唯物史观、历史解释，而是根据"古代非洲与美洲"一课的特点，有重点地突出所标明的三个方面的核心素养。

二、把握教学整体方向

教师在制定课堂教学目标时，首先要详细解读《中等职业学校历史课程标准（2020年版）》。它规定了中职历史教学的目的、任务、内容和基本要求。教师应该对历史教学的发展方向和总体要求有一定的了解。在制定课堂教学目标时，教师应解释课标中的"内容要求"。在分析课本之前，教师需要根据课标掌握课本的总体要求和内容结构，并制定本学期的教学计划和单元教学目标。以《中外历史纲要》为例，教材中每节课的容量都很大，历史教师在使用时必须进行适当的处理。同时，教师需要认识到，一方面，教科书中过于笼统的内容可以根据教学目标的需要适当扩展或补充；另一方面，教科书中出现的内容可能不需要全部提及，应该加以选择和简化。

例如，中外历史纲要（上）第10课"辽夏金元的统治"，课标要求是"通过了解辽夏金元诸政权的建立、发展和相关制度建设，认识北方少数民族政权在统一多民族封建国家发展中的重要作用"，其中"了解"这个动词，体现了课标对学习"辽夏金元诸政权的建立、发展和相关制度建设"的要求是在识记层次；"认识"这个动词，则应定位于理解层次。明确层次要求后，可拓展相关范围，确定教学内容。如识记层次内容，学生在学习"辽夏金元诸政权的建立、发展和相关制度建设"时，应该掌握其建立时间、建立者、所属民族、地域分布、政权演变过程和各政权相关制度建设的内容、特点及影响。理解层次内容，学生在理解"北方少数民族政权在统一多民族封建国家发展中的重要作用"时，应注意到"统一多民族封建国家发展"对思考北方少数民族政权"作用"的角度起到限定作用。该词明确地表明应该将北方少数民族政权放在统一多民族封建国家的角度去探讨其作用。

此外，教师还应具体分析新教材中体现的培养历史学科核心素养的写作特点，注重文本辅助系统分析与设计在教学中的具体应用，尤其是每节课所包含的图片和材料，它们是由教材编写者根据课程标准和教学内容精心挑选的。历史教师应充分理解和掌握教材，从而提出科学准确的教学目标，充分发挥教材的作用。

三、紧密围绕学生设计目标

教师在制定一节课的教学目标时，需要掌握目标的数量和实现目标的难度。太多超出学生接受范围的目标不仅会导致教学活动的紧迫感，还会大大降低教学效果。目标的难度太高，超出了大多数学生所能达到的水平，这将挫伤学生学习历史的积极性，造成课堂气氛低落，极大地破坏课堂教学的良好效果。为了制定合理且中等难度的课堂教学目标，教师必须理解学生，接近学生，并真正了解学生的心理认知特征、现有知识储备和经验基础。不同的班级和同一班级的不同学生有自己的学习风格和特点，不同的学生对相同的学习内容有不同的兴趣。

例如，在学习中国历史时，一些学生显然对古代史表现出极大的热情，而另一些学生则更喜欢学习现代史；在学习中国古代历史时，学生对不同的朝代感兴趣；在学习特定朝代时，他们对政治、经济、思想文化、民族关系等有不同的重视程度，这样的差异也为课堂生成效应提供了更多的可能性。然而，学生以前对历史的某些方面没有兴趣，这并不意味着他们不能通过一定的训练培养对某些历史教学内容产生兴趣。因此，教师应积极提高教学水平，丰富教学方法，培养和调动学生对即将到来的课程内容的兴趣。

在教学期间，学校就中外历史纲要（上）第1课对所任教的某班学生作出了具体的学情分析，供读者参考。

本课是学生进行中职历史学习的第一课，授课对象是刚刚步入中职的学生。学生的历史学习思维和方式受其初中历史学习习惯和水平影响较大，尚未完成从形象思维向抽象思维的转变。教师应该在本课教学中多运用历史图片及关系图等增加学生学习的兴趣，抓住学生注意力。本班学生基础较好，可适当增加文字史料的数量与难度，启发学生进行积极思考，如私有制产生的原因，私有制、阶级和国家产生之间的关系等，帮助学生加深对历史知识的理解。在知识储备方面，因为学生初中时已经学习过本课的部分内容，所以应该适当地减少重复内容教学的时间。考虑到本班学生都有条件进行线上学习，可分享有关本课教学内容的线上历史教学资源，如教学视频、教学课件、知识提纲、相关史料、课后训练题等等，帮助学生进行课前的自主学习与课后知识的训练巩固。

四、以评促教改善设计

教学目标是教学评价的重要依据。考试是教学测量和评价的重要方式，学业质量是考试命题的重要依据，也有利于对教学目标进行评估反馈，指导教学目标设计的调整与改进。以核心素养水平划分体系与学业质量在一道选择题中的具体应用为例：下列四个选项，各项分值0~3分不等，从中选择一个你认为最合适的答案。

12世纪的欧洲史学家对历史的叙述和阐释，开始聚焦于一个家族、民族或王国自身的发展历程，而不再从宗教的视角强行用教义建构历史。这从本质上说明了（　　）。

A.神权统治的瓦解

B.史料来源的多样性

C.史学家对历史的叙述和阐释受时代的影响

D.历史观趋于世俗化

本题来自《2020年上海中学高考历史模拟试卷（4）》，中职对答题要求与选项内容稍作了改动。

本题想要考查的核心素养为历史解释，重点考查学生是否能够分辨不同的历史解释，知道导致这些不同解释的原因并加以评析。学校针对本题制定的不同水平学生作答及评分标准如下：

水平4：选D项，3分，学生能够透过现象看本质，认识到欧洲史学家对历史的叙述和阐释的视角的转变反映的是历史观的转变，并能够结合材料内容分析得出12世纪欧洲史学家历史观的转变是趋于世俗化。

水平3：选C项，2分，学生能够从不同时代的客观因素思考欧洲史学家对历史的叙述和阐释的视角转变的原因，符合唯物史观，但考虑不够全面具体，没能认识到欧洲史学家对历史的叙述和阐释的视角的转变反映的本质是历史观的转变。

水平2：选B项，1分，学生能够知道史料来源的多样性，但将欧洲史学家对历史的叙述和阐释的视角的转变反映的本质归结于此，则不符合材料内容及逻辑。

水平1：选A项，0分，不符合史实，12世纪时神权统治并没有瓦解。学生能够认识到神权统治的瓦解会影响欧洲史学家对历史的叙述和阐释。

通过对学生具体答题结果的分析，教师可以大体上掌握学生关于某一知识点的掌握程度，了解学生相应的核心素养发展水平，学生也可对自己所处发展水平有一定的判断。虽然这样的评价与判断不是完全准确的，有一定的偶然性因素，对于试题的选择与评分标准的制定操作起来也有较大难度，但是这已能为评价课堂教学目标的达成效果以及目标的准确设计提供一定的标准与依据，促进教学目标设计的改善。教师也需在掌握历史学科核心素养内涵和水平划分以及学业质量的基础上，针对中职历史必修课程与选择性必修课程设计不同水平的教学目标。

总之，在核心素养的指导下，历史教师应遵循课堂教学目标设计的具体原则，掌握设计的基本步骤，设计一个规范、简单、可操作、可测量的中职历史课堂教学目标。同时，历史教师应注重以评促教，把握历史学科核心素质的具体内涵和层次划分，参考学生学业素质要求，逐步完善中职历史课堂教学目标设计。教师还应树立终身学习意识，不断提高综合素质，根据学生的具体发展水平，逐步培养和提高学生的历史学科核心素质[1]。

---

①李麒麟. 基于核心素养的高中历史课堂教学目标研究[J]. 中华活页文选(高中版)，2023(4)：115-117.

第三节 基于历史学科课堂教学目标的设计与表述

以"西欧经济和社会的发展"为例，梳理基于历史学科课堂教学目标的设计与表述。

一、解读课标，使教学目标准确

只有目标准确，教学活动才具有科学性，才不至于偏离方向。教学目标的四要素包括，行为主体、行为动词、行为条件和行为程度。行为主体即学习者，教学目标描述的是学生的行为而非教师的行为。这是叙写教学目标所应坚持的一个原则——学生立场原则。教学目标的描述可以不必呈现行为主体，但一定是以学生为核心的活动。行为动词用以描述学生所形成的可借助一些手段可测量的行为，比如，列举、对比、绘制等。行为条件是影响学生产生学习结果的特定方法或限制，如根据地图、阅读材料。表现程度指的是学生对目标所达到的最低表现水平。目标的表述要以学生为主体，具体、清晰、简洁明了，要具有一定的逻辑性，符合认识从低级到高级，从简单到复杂，从感性到理性的特点。当然目标要具体，还要包括核心知识，也就是学科必备的关键知识。分解课标解决的就是这些问题。分解课标的第一步是确定核心知识。核心知识与历史教材每一课的小标题并非一一对应的关系，我们需要依据历史课程标准中，课程目标、学业要求和内容要求进行综合分析、判断。《中等职业学校历史课程标准（2020年版）》在课程目标中指出，能够了解世界近代史上的重要事件、人物、现象，找出重要史事之间的关联，以及历史发展的基本线索。能够利用并分析可信史料，初步理解近代世界政治、经济和思想文化之间的关系。强调的第一点是世界近代历史的基本线索。强调的第二点要从时间、地点、人物、原因、经过、结果等角度认识重大历史事件，也就是我们常说的历史事件的六要素。强调的第三点是历史现象，也就是历史的外部联系和表面特征。对历史现象的认识有助于学生深层次地挖掘历史本质和规律。下面是历史课程标准中关于近代早期西欧经济和社会变化的部分。

通过了解资本主义性质的手工工场和租地农场的出现，初步理解近代早期西欧社会经济的重要变化。认识近代早期西欧社会经济的重要变化隐含在手工工场和租地农场资本主义化的学习之中。因而，根据课程目标、学业要求和内容要求，本课的核心知识可以分解为公元11世纪后，欧洲农村开展垦殖运动；租地农场和手工工场的产生过程中，出现了资本主义性质的生产和经营方式；富裕农民和市民阶层逐渐形成。这是分解课标的第一步，解决了学什么的问题。那么学生什么样的行为能够证明他们已经学会了这些呢？新课标指出，教学目标要具有可操作性和可检测性。使之指向学生通过学习表现出来的进步程度。这需要我们借助一些具体的行为动词来完成。也是第二步要解决的问题，根据核心知识匹配行为动词。阅读新课标课程内容部分，我们会发现，课标中每个模块中内容要求用到的词语基本上是，知道、了解、理解、认识、体会、感悟、感受等，这些是描述学生应达到的认知水平的词语。按照布鲁姆分类学，这些词语可以分为两个层级，了解和理解，这些认知水平是内隐而不可观测的，而我们的教学目标必须是外显的，在一定时间内可以实现的结果，因而需要借助一些可供检测的用词用以呈现。从新课标目标要求、学业要求和教学提示3个栏目中，提取了一些行为动词，比如阐述、说明、论述、概括、绘制、区别、计算、论证、撰写、识读、区分、讲述、比较、制作、梳理等，并把认识水平动词和行为动词进行了匹配，如此课标中描述水平的动词就可以替换为后面的行为动词。了解的有识别、概括、识读、叙述、区分、列举、讲述、梳理、绘制；属于理解的有阐述、说明、论述、辨析、论证、编写、撰写、计算、制作、比较。新课标中用以描述本课核心知识的行为动词都是了解，所以从第一层级中摘选出词语进行匹配核心知识即可。比如知道欧洲农村开展垦殖运动，了解产生过程、知道新的生产和经营方式、知道社会结构发生变化、概括生产力促进生产关系变化。

第三步，根据行为动词，确定行为条件。也就是学习策略，认知的外部条件主要有三种形式，教师指导、自主学习和交互学习。教师指导主要指教师讲解、教师提供材料、教师利用多媒体创设情境等。自主学习包括朗读、阅读、观察、联系，以及借助一些辅助性手段，比如历史地图册。交互学习指师生对话，小组讨论合作探究等。根据行为动词和核心知识的难易程度，笔者确定的行为条件，分别是自主阅读课本和材料、填写结构图、比较分析、小组合作。

第四步，根据认知情况，确定表现程度。一般从行为的强度、达成度、影响程度和适用范围等角度进行综合判断。垦殖运动带来的变化要准确，租地农场和手工工场的产生过程要详细，而社会结构发生的变化要精确。

最终确立的准确的教学目标就是：①阅读教材，准确说出欧洲农村开展垦殖运动；②阅读教材和相关史料，全面了解租地农场和手工工场的产生过程；③阅读教材，准确分析出手工工场和租地农场的性质；④通过对租地农场和手工工场发展过程的比较分析，概括生产力的发展使生产关系随之发生变化。

课标解决的是教学的宽度和深度，下一步要解决的是教什么的问题。也就是学生学什么最有价值。课标中给出的是结果，教师要教的就是要包含于结果中的理论、概念、策略等，尤其是课标中容易模糊、被误解的地方。这需要在上一环节的基础上，结合教材来完成。

二、解读教材,使教学目标具体

该课有两个子目，第一子目是新的生产和经营方式，第二个子目是富裕农民和市民阶层。它们之间的关联是西欧资本主义农业和手工业萌芽与逐步发展，促使社会阶层发生变化。清晰明了。根据这一部分教材内容，把第一条目标细化为：阅读教材第一子目，准确说出欧洲农村开展垦殖运动，推动西欧经济和社会发生了新变化。但是细心的人会发现课标叙述的时候为什么把手工工场放在了租地农场的前面，我们再回归课本，从时间上比较来看，手工工场的出现时间要早于租地农场，因此，在学习的时候要调整教学顺序，先讲手工工场内容，再讲租地农场部分。教材第二子目展示的是手工工场和租地农场的影响，学习这部分，关键是两个内容，一是阶层构成，二是对政治力量理解。因此将教学目标表述为：①阅读教材第一子目，准确说出欧洲农村开展垦殖运动，推动西欧经济社会发生新变化。②阅读教材，了解租地农场和手工工场的产生过程，知道欧洲出现新的生产和经营方式，资本主义萌芽开始产生并发展。通过对租地农场和手工工场发展过程的比较分析，概括生产力的发展使生产关系随之发生变化。这是结合教材修改后的具体的教学目标，与分解课标后形成的目标相比，表述更为清晰明确。课标的分解增加了教学目标的准确性，教材的分析把教学目标进一步细化。

三、分析学情，使教学目标更适合学生

爱因斯坦说"兴趣是最好的老师"，如何调动与激发学生学习的兴趣，这是我们要思考的一个重要问题。多媒体设备的使用，教学手段的多样化，都可以吸引学生的注意，激发学生学习的兴趣。非"填鸭式"塞进嘴里的知识，踮起脚可以够得到的东西，是富有挑战性的东西，也是最具有价值的东西。所以适切的教学目标就建立在学生已有的知识储备基础上能够跳一跳够得着的东西。当然，对于学生是否够得到，我们需要作出判断，这属于教学评价的内容，不是这里要讨论的侧重点。在这一部分，中职想表达的是如何根据学情，制定富有挑战性的教学目标，调动学生对学习的内驱力。除了前面介绍的阅读课本、史料等学习路径，还可以采用小组合作学习的形式，让学生小组内交流。由此，培养学生合作、交流和表达能力。这样更能激发学生的学习兴趣。

以上三步走的策略，关注的是课时目标的制定。聚焦于单元目标，从单元主题看，走向近代就是由封建社会逐步走向资本主义社会，这一时期出现新的经济组织形式、新的生产关系和新兴阶级、新的思想萌芽。本单元的核心目标是突出西欧近代早期经济和社会变化，由此第2、3条设置为本课的重点，第2条目标设置为本课的难点，需要重点予以突破。

教学目标制定好后，相当于我们的长跑有了目的地，那接下来，怎么证明到了目的地呢，需要设置一系列"试题"来考察。也就是检测教学目标的达成度。

长期以来，教师的评价意识非常的不强。在一节课即将要结束的最后三两分钟内，设置3-5个选择题，这一教学环节的设置老师们认为检测了当堂课教学的效果，是个不错的选择。而其实，老师们的认识是片面的，他们认为单元测试、期中和期末测试等各阶段考试才是教学评价，才是检测教学目标的达成度。其实，检测教学目标的达成度有四个维度可供观察：学生的学习态度、学生在本节课的参与度、学生对学习内容

的掌握，以及本节课后学生核心素养的发展状况如何。而评价的方法也多种多样：可以是课堂评价、作业评价、单元评价、跨学科主题学习评价、期末评价。

中职认为在教学中采用定性和定量相结合的策略，方法就是设置评价量规表。表中包含学习目标、评价任务、活动形式、学习表现也就是具体的学习内容。定性就是评价任务即考题，活动形式和学习表现是固定的，定量就是每道题后均附上分数。这一课第一个目标的关键词是垦殖运动，推动新变化。根据这个学习目标，设计的考题是：能够说出垦殖运动带来的变化。活动形式是自主阅读教材、分析材料。学习表现就是具体的学习过程：①阅读第一子目第一段用笔标出垦殖者、新开发土地的产权拥有者、经营新开发土地的方式，理清垦殖运动基本要素。②阅读材料，归纳出西欧出现垦殖运动的原因。③学生归纳垦殖运动带来的变化。每一问附上的分数，学生通过得分情况就知道自己学习的结果。同时，评价也是学生学习的过程。

对于第二个目标还有一个关键词：手工工场。根据目标设置的考题是能够说出手工工场的发展阶段与特点以及能够分析出性质。活动形式是写结构图、小组合作学习。学生首先自主阅读课本第一子目、相关史事、知识拓展、归纳手工工场的特点，然后填写结构图，最后小组合作交流：手工工场和租地农场的性质是否一样，请说明理由。培养学生论从史出的意识，学生在讨论交流的基础上，认识到资本主义生产关系的本质。

还有一个关键词是社会结构的变化。制定出的考题是能够运用所学知识作为论据论证观点。学生在阅读课本的基础上知道出现了新的阶层。在此基础上出示材料，让学生分析新阶层的兴起给西欧带来了哪些变化。通过小组交流，学生运用学过的知识论证观点。

通过一系列"考试题"的设置，学生经历一节课的学习后，就能知道学习的重点、难点以及自己在课堂上的效果等。

设置评价量规表后教学变得"有表可依"，教师能更全面关注到全班学生，有了一个统一的标准，从关注教师的教到关注学生的学，使教学从"粗放经营"转向"精细化管理"，更好地关注学生核心素养的发展状况。

　　新课标指出，教师应从发展学生核心素养的角度制定教学目标，将核心素养的培育作为教学的出发点和落脚点，使教学目标在培养学生核心素养方面起到指引性、规定性的作用。根据课程标准、教材和学情，结合单元目标而叙写的课时教学目标就达到了较为科学的标准，富有挑战性，逻辑性也更强，编制了评价量规表，将它定性与定量设计，这将更有利于学科核心素养的养成。总之，"教学和评价都要以教学目标为依据，以促进学生历史学科核心素养的达成为目标，将评价渗透在教学各个阶段、各环节，随时为学生的学和教师的教提供反馈信息，为改进教学、落实教学目标服务"。①

---

①杜翠格.素养导向下初中历史教学设计中教学目标的制订及检测策略研究[J].中文科技期刊数据库(引文版)教育科学,2023(4):63-66.

第三章 基于核心素养的历史课堂教学策略

第一节 核心素养下的历史课堂开放性教学策略

一、开放性教学

开放性教学是相对于旧的教学理念而言的，在传统的教育教学过程中，教学内容非常封闭，教学方式也比较封闭，教学目标也仅仅局限于考试成绩，在这样的教学环境下，无论是教师教学的发挥还是学生的学习所得都有一定的局限性。如果思维被束缚在一个很小的空间内，那么行动也自然会受到限制，所以，开放性教学的概念首先要考虑的是将学生的长远发展作为目标，是对传统知识的教学作为载体，是积极改进教学环境，活跃教学氛围，让学生在成长的空间中自由发展，在教学过程中强调自主性的探索，以实现学生综合素质的全面提升。

开放性教学是针对传统教育中以"课堂为主、教材为主、教师为主"的封闭性弊端提出的。它指的是在教学过程中始终把学生看作处于不断发展过程的学习主体，看作一个身心不断构建、升华过程的人，始终把教学过程当作一个动态的、变化的、不断生成的过程。扬弃封闭式课堂教学，采用开放性课堂教学。从当前对开放性教学的基本情况来看，开放性教学有利于推进基础教育改革的发展。开放式素质教育是以学生的发展为本，这与新课程的核心理念促进学生全面、持续、和谐的发展是一致的。这种教育教学方式，引起了教学观念、学习方式、教学内容、师生关系、评价体系等方面的改变，从而促进教育改革的发展。同时，开放性教学有利于促进教师自身素质的提高，增强教师的合作意识与创新能力。

开放式素质教育赋予教师更多创新的空间，对教师的综合能力、自身的专业素养都提出了新的挑战。教师在实施开放式教学的过程中，势必会不断学习先进的教育教学理念、提炼升华教学经验，提高教学研究的能力。除此以外，开放性教学还有利于学生综合学习能力和个性的和谐发展。开放式素质教育不仅为学生获取知识，促进能力的发展创造了有利条件，而且根据学生的个性差异，实施多样化的教学方式和组织形式，是适应学生个性化和个别化和谐发展的需要。

具体而言，可以从以下五个方面来理解开放性教学：第一，实现教学内容的开放。让教学内容与社会生活相互融合，加强知识和实践之间的联系；以开放的姿态让开放性教学内容与网络学习资源进行融合。第二，实现了教学方法的开放。在教学中采用了生成性教学，打破了传统单一的讲授模式，让学生能够根据其特点、教材的内容、教学的风格等进行逐步的提升。第三，实现了教学环境的开放。一是从物理环境中开放了教学时间和空间，二是从心理上实现了开放，比如在课堂中创造了平等、民主、和谐的教学氛围，让师生均能够在课堂上感受到安全和宽松的心理氛围。第四，实现了作业练习的开放。充分遵循了新课程教学的重要内容，让作业的数量减少，质量增加。第五，实现了学生评价的开放。比如促使了开展活动的评价，让学生全面发展，改变了单一的考核方式，从多角度评价[①]。

二、基于学科核心素养的中职历史教学策略

(一)立足核心素养,制定教学目标

中职历史教师要结合历史核心素养来制定课堂教学目标。教学目标是师生在教学中期望达到的目的与效果，它是教学设计的关键部分，对教学实践起着关键引领作用。教师在教学设计环节要结合本学期教学内容及各个章节、每节课的教学内容精心设计教学目标，从而使历史教学的各个环节都以核心素养目标为导向，切实提升中职学生的历史素养。一方面，中职历史教师要提升对历史学科的重视程度，认识到历史教育对于学生价值观形成的重要影响，从而为备课与教学投入更多精力，充分利用有限的课时为学生带来有价值的教育。另一方面，教师要努力提高自身专业素养，加强历史理论知识学习，掌握历史教学技能，以适应

---

① 李喆. 高中历史课堂开放性教学理念与学生历史学习能力的培养研究[D]. 昆明:云南师范大学,2019.

知识更新换代的速度。具体而言，教师应当认真剖析教材并研读相关史料，结合学生的认知发展规律与中职学生特点设计合理的素养目标，将历史基础知识传授放在首位，并提炼出教学内容中蕴含的素养价值。

以高等教育出版社中职历史中"春秋战国时期的社会变革与思想文化"这一课为例，教师首先要对教学内容进行分析，本课主要内容有：①春秋战国时期的社会巨变，列国争雄的政治局面；②儒、墨、道、法各家的观点与著作，及其对中国文化发展的深远影响；③天文、水利和医学等方面在春秋战国时期取得的重大成就。随后，教师要对学情进行分析，中职学生大多历史基础薄弱，教学中应着重注意基础知识教学，同时要抓住学生的兴趣点，利用社会热点拉近历史与学生的距离，提升学生学习自觉性。基于此，教师可确立以下教学目标：①了解春秋战国时期的社会巨变及科技文化成就，了解春秋战国时期百家争鸣的代表学派、人物、观点、著作；②学会基于特定的时间和空间对百家争鸣局面进行观察、分析，形成从历史角度看问题的意识和思维方式；③形成社会意识是对社会存在的反映，经济基础决定上层建筑等唯物史观。

（二）优化教学方法，调动学生兴趣

中职学生普遍对历史学习不够积极。因此教师应当从教学方法着手，提升学生兴趣，促使学生主动学习。教师在教学过程中除了关注知识，还要关注学生本身，了解学生的诉求，对学生进行心理引导，使学生对教师产生信任，从而转变学习态度，积极主动投入学习。这就要求教师对教学方法进行优化，设计多样化的教学活动，燃起学生兴趣。针对中职学生历史知识薄弱的特点，教师必须重视基础知识教学。然而历史基础知识往往涉及许多需要记忆和分析的要点，这就使其显得枯燥乏味，学生不愿意学。因此，教师可适当降低知识点难度，突出重难点，精简其他知识。另外，教师可采取情境教学法、小组合作学习等方式为学生创造更加轻松、愉悦的学习氛围，并使学生在合作探究中锻炼材料分析的能力，从史料中提取价值观教育、道德教育要素，提升学生的综合素养。

例如，在"春秋战国时期的社会变革与思想文化"这一课中，教师可以充分利用小组合作学习的形式，发挥学生主体性，使学生在思考交流中感受历史文化的趣味。如针对春秋战国时期的社会巨变这一知识内容，教师可设置如下问题引导学生自主学习与交流：①春秋五霸是哪些？春秋首霸是谁？他为什么能成为首霸？②战国七雄为了称霸纷纷改革，其中比较有名的有哪些？总体而言，这些改革对当时的社会产生了什么影响？教师可给学生10分钟时间，探讨问题并形成答案，以小组为单位进行回答。这些问题难度不大，都是基于教材进行提炼的关键基础知识，学生在小组合作学习中通过对问题的研究能够更加熟悉教材，通过与组员的交流能够进行知识点的查缺补漏。而且这种开放式、自由式的教学形式能够有效调动学生的兴趣。

（三）立足课本教材，合理组织内容

中职历史教材是开展中职历史教学的基础，教师应当加强对课本教材的剖析，提升自身对知识的熟悉度，从而能够结合班级学生的特点灵活组织教学内容，为学生进行合理的知识拓展。在中职教育中，专业课程教育是重中之重，作为公共文化基础课程，中职历史一向处于边缘地带。教师在开展历史教学中应当结合中职教育的基本特点与原则，对教学内容进行科学组织。一方面，教师在备课环节应当对课本中的内容进行有效调整，去除过于复杂、难度较大的知识内容，降低历史知识点的难度，以多样化的教学形式直观呈现历史知识点；同时引入历史人物故事等趣味内容，突出课程的趣味性，提升中职学生学习历史的兴趣。另一方面，教师还可将学生的专业及学校办学特色与历史知识进行衔接，帮助学生发展专业能力与素养。

以高教版中职历史中"制度创新与历史变革"这一课为例，教师在讲解贞观之治的知识点时，可为学生播放"玄武门之变"的影视资料，为学生拓展史料的同时，增强学生的学习兴趣。此外，教师可带领学生对唐太宗即位之后的治国举措进行梳理总结，使学生切实感受何为"制度创新"。尤其在选贤任能方面，教师可为学生讲解太宗与魏徵之间以人为镜的典故：太宗鼓励臣下直谏，魏徵前后谏事二百余件，直陈其过，太宗多克己接纳，或择善而从。魏徵死后，太宗直言："魏徵逝，朕亡一镜矣。"展现唐太宗从谏如流的优秀品质，增强课堂的趣味性，并使学生从典故中学会虚心听取他人建议，帮助学生树立正确的人生观与价值观[1]。

---

[1]李增花. 基于学科核心素养视阈下中职历史教学实践探究[J]. 知识文库,2023(11)：125-127.

三、基于学科核心素养的中职历史开放性教学策略

(一)坚持以生为本原则,打造开放性教学课堂

在中职历史教学中,传统的应试教学模式已无法满足当前学生的学习需求,而开放性教学模式是对传统教学模式的突破,能为学生营造良好的教学氛围。在开放性教学模式下,教师必须始终坚持以生为本的原则,围绕学生的学习需求来展开教学活动,真正构建开放性的历史课堂。所以,在实际教学中,教师只有尊重学生的主体地位,让学生意识到自己是学习的主人,他们才能完全投入到课程的学习中。同时,教师需要转变传统的应试教学观念,学会以开放性的教学思维来开展中职历史教学,从而有效突破传统教学思维的束缚,取得良好的教学效果。

首先,开放性中职历史教学要注重了解学情。在正式开展课程教学之前,教师需要与学生进行良好的沟通,与学生进行有效的教学交流,以获取他们的学习想法和意见。比如,从以往历史教学情况来看,许多中职学生对历史知识不感兴趣,特别是机械记忆历史知识点会让他们感觉枯燥乏味。同时,还有一些害羞的学生,他们对教师还是存在一定的距离感。为此,教师可以利用课余时间,走进学生的生活,去倾听他们的心声,从而形成良好的师生关系。也可以鼓励学生将学习意见以书面方式传递给教师,让教师能够多方面了解学生的学习需求。其次,教师要发挥学生的主观能动性。可以让学生共同参与历史课程教学方案的设计,共同探讨历史课程的教学内容以及方式,让学生发挥主人翁作用,为历史教学贡献力量。比如,在教学"古代中国的政治制度"内容时,教师除了与学生交流教学想法外,还可以引导学生探讨和设计相关的导学方案,从而为学生提供参与课程交流的机会,让学生意识到自己也是课程教学的参与者。

(二)结合情境教学方式,创设和优化开放性教学情境

历史教学涉及大量的历史事实和史料,这就要求学生记忆大量的历史知识。如果教师直接要求学生死记硬背历史知识,就会让学生逐渐失去学习的兴趣。因此,在实际教学过程中,教师可以通过创设开放性教学情境,引导学生参与课程的学习和探究,这样有助于减轻学生的心理压力,并让学生产生学习的自觉性。而开放性的教学情境需要教师有效

利用多媒体设备，引导学生走进历史教学情境，让每个学生深度参与到课程学习中，并让他们有足够的时间去自主思考。

以"民主政治的摇篮——古代希腊"的教学为例，为了让学生能够真正融入历史教学课堂，有效开放教学空间，营造课堂氛围，教师可以利用多媒体教学设备，将有关希腊的文字、图片、影视片段等资料直观呈现给学生，让学生先从整体上直观感受古希腊文明，以引导学生走入新课内容。然后，向学生提出本节课的核心议题：古希腊民主政治产生的原因和影响有哪些？在此过程中，教师可以利用多媒体再次呈现"古代希腊示意图"，引导学生结合古代希腊的地理位置，对古希腊民主政治产生的影响进行分析，从而让学生逐渐走进历史教学情境中。在此基础上，教师可以将学生分为若干小组，要求学生根据自己的能力适当参与问题探究，从而营造自由探讨的氛围。这样就把课堂的主动权交给学生，最终形成开放性的历史教学情境，帮助学生深入理解历史知识。

（三）根据学生需求适当调整教学内容，强化教学的开放性和灵活性

中职历史教学不同于初中，中职学生的心理趋于稳定和成熟，思维也更为活跃。如果教师单纯讲解历史教学大纲所规定的内容，按部就班地向学生传授知识，就会导致历史课堂沉闷，不利于学生积极思考。所以，教师不能完全照本宣科，应该根据教学情况及学生能力，适当调整历史教学内容，让教学更具开放性和自由度，这样才能有效实现历史开放性教学的目标。因此，教师需要灵活运用历史教材，根据教学需要适当调整历史教学内容，注重课程内容的丰富性和创新性，强化教学的开放性，从而激发学生的学习兴趣。

以"人民教育事业的发展"的教学为例，为了让学生深入理解有关史实，教师必须坚持以生为本的教学原则，引导学生思考新中国确立了哪些新型的社会主义教育制度。要分析学生对人民教育事业发展的认知程度，从而确定适合学生探讨的内容，并结合相关材料让学生进行有效学习探究。同时，在实际教学过程中，鉴于学生的学习能力存在差异，教师需要基于学情去适当调整历史教学内容，让历史课程教学内容更符合每个学生的学习需求，让历史课堂教学更具有开放性。教师可以利用分层教学方式，对不同层次的学生展开分层教学，从而满足不同层次学生的需求。对于学习能力强的学生，教师可以让他们分析一些有深度的问题，包括探究新中国成立初期时对旧有学校进行改造和调整、改革开放后中职教育的快速发展等，以满足学生的学习需求；对于学习能力偏弱的学生，可以要求他们了解并掌握基本的史实，包括掌握教育事业发展的时间线、重点事件等，使他们可以从学习中获得知识，树立信心。

综上所述，当前中职历史教学应该寻求创新与突破，实现良性发展。教师应该基于开放性教学思维，对历史课程教学展开研究，从而为学生营造良好的教学环境。教师要坚持以生为本原则构建开放性课堂，再结合情境教学、分层教学等方式，构建开放、灵活的课堂，让学生具有更开阔的历史视野①。

第二节　核心素养下的历史课堂生成教学策略

一、生成教学

生成——《辞海》释义："变异，即对'无'的否定，或者对'有'的否定之否定。反映了事物的发生和变化的哲学范畴。""生成"一词所包含意义广泛。从狭义角度来看，"生"是一个动词，强调的是一个过程，过程之中充满着不确定的因素，是一个动态变化发展的过程。而"成"，我们平常所说的"事成""礼成"更侧重于强调这件事的结果，结束的一种状态。因此，"生"与"成"两个字联系在一起，组成生成，既强调过程也重视结果，通过某个过程来达到某种想要达到的结果，过程与结果相辅相成，相得益彰。

生成教学简单来说就是将生成与教学相结合，构成了一种全新的教学形态。它强调教师、学生、文本三者之间的交流。学生通过与教师、文本的互动，在巩固原有知识基础的同时，获得新的知识并逐渐内化为自己的认知结构，实现有意义的学习，继而提升生命的价值。生成教学的独特之处在于它重视师生形式多样的生命活动，它把每节课都看作是智慧和激情的综合生成过程。因此，生成教学是生机勃勃的教学，是灵

①韩步锋.高中历史课堂开放性教学的探索与实践[J].成才之路,2021(1):120-121.

活多样的教学，同时也是促进师生共同提升的教学。将生成资源引入到课堂教学，如果能够被学科教师加以很好的运用，将会比以往课堂起到事半功倍的效果。这样的课堂是新课程理念下课堂教学较为理想的境界。

因此，在课堂引入生成教学是适应时代发展和社会需要的。时代在发展，社会在进步。相对而言，教材和教学设计却有很大的滞后性。社会在发展变化，人的思想行为、价值观念也应该与时俱进。所以，教师要为学生营造一个民主开放的课堂环境，结合自己对时代的认识，和学生充分交流，了解学生认识世界、思考问题的方式。学生在轻松的环境下，能够敢于发表自己的观点，教学便有了很大的生成性[①]。

二、生成教学：游戏说与教学观的重建

育人是教育的本体功能，是为了促进人的本质的生长。人的本质是生成的，没有先天预设的人之初性本善，或人之初性本恶，人的善恶是在实践中生成的。实践是人的存在方式，人在改造世界的同时，也创造了人本身，人的本质是在实践中生成的。人的本质的生长与生成性实践是一致的，人的本质必在最本真、最自由的实践中开显和生成。因此，如何将教学活动创建为游戏活动，在游戏活动中生成现实的教学实践与学生的精神世界，以及建构"生成教学"，是以下探讨的问题。

（一）传统教学观及其局限性

情境教学与案例教学是两种传统的教学方法，在具体教学实例中有各自不同的教学处理和观念。例如，某年白菜价格暴涨，大批农户种植白菜。次年，白菜价格大幅度下跌，导致种植户和经销商损失惨重。一些农户不禁感叹："我骑上白马，也追不上白菜行情的变化呀！"运用情境教学，可以提出问题1：蔬菜价格有时出现大起大落现象，如何保障菜农的利益？运用案例教学，可以提出问题2：根据上述材料，请你分析市场调节有什么缺陷？

1.情境教学旨在提供问题解决的具体方案

情境教学是基于情境问题的解决而展开的课堂教学。人与环境是相互建构的。一方面，环境的变化要求人适应环境，人就必须改造其既有的经验，以求得与环境的平衡。另一方面，经验的改造又使人增强了改

①冯梦圆.基于核心素养下的历史课堂生成教学研究[D].天津：天津师范大学,2019.

造环境的能力，同时也进一步提高了改造经验的能力。用杜威的话说，"经验包含一个主动的因素和一个被动的因素，这两个因素以特有形式结合着"。面对情境问题：蔬菜收成好，价格大跌；收成差，价格大涨。如何保障菜农利益？如果学生能主动解决，则其经验中就包含了主动的经验，即人主动改造环境的能力。同时，在改造环境的过程中，实践活动又反过来作用于学生自身，对其有所影响，即被动经验。

情境教学在教学内容上强调真实的生活情境，学习的内容是由学生的活动形成的直接经验，通过学生自己的活动整合相关学科知识。情境教学以解决问题为主线，先对情境问题假定解决方案，然后通过活动验证方案，最后根据验证结果，得出情境问题解决方案。教学步骤以"活动"形式贯穿始终，学生在相互合作中能动地参与学习，积极地思考。例如，学生假设政府制定价格，不允许价格涨跌。验证发现，这不符合市场经济规律。假设菜农不跟风，种植多品种蔬菜或开发新的蔬菜品种，通过电商平台扩大销售渠道等。验证发现，这样不会造成"货多价贱"的现象，是可行的。由此获得对情境问题的具体解决方案，经验的内容增加了，旧的经验也得到了改造，一方面成为日后新经验的基础，另一方面也是解决未来问题的新方法的基础，持续不断的经验可以前后连贯地不断改造。

情境教学体现了人应对环境变动的具体状态的能力，在根本上坚持了"实践是认识的基础"这一认识论原理。一切知识的源泉都是实践，人只有在实践中存在、生成和发展。但教育不完全等同于人类实践活动，教育的重要使命是传授并让学生掌握人类已有的学科知识。情境教学是具体情境下的问题分析和解决方案的提出，并不在意对事物的本质和规律的揭示，而是通过问题情境的创设，引导学生观察、辨析、实践和反思。当然，问题解决的方案是相关理论的具体运用，并不超越或违背知识理论，也不要求问题解决要扩展到理论知识的层面，只是随着事件的具体状态得出符合具体事件状态的解决方案。事实上，蔬菜价格上涨，表明供不应求，应该扩大生产、满足社会需求，菜农不可能不跟风，这是利益驱使，也就是市场的自发性，如果不受利益驱动，市场就失去了它的资源调节功能。根本在于菜农应把握价值规律，对市场的供需作调研，尊重和利用规律。因此，情境教学关注事件的动态变化，着眼于问题解决的具体方案，而忽视了系统、完整的学科知识，对普遍、恒定的规律不能深刻理解和掌握，虽然展示了知识的具体状态，却无法彰显普遍性原理，由此，运用学科知识解决问题的能力被感性经验束缚，降低了学生运用理论指导实际问题的能力。同时，理性认知的浅显，带来感性认识也是肤浅的，如同一个没有绘画技能的人对色彩的感受力是无法与一个具有绘画能力的人相比的，所谓经验的改造只是活动中倾向感性认识的获得。

2.案例教学旨在分析得出普遍性的理论知识

案例教学是从典型案例的分析中得出普遍性、稳定的事物各要素的关系或原理。案例应具有典型性，通过案例分析所得到的知识能对同类问题具有解释能力。案例教学应"主动将特殊性事实和一般性知识联系起来：针对案例事实（特殊经验）和已有解释（一般性命题）的困惑提出问题"。例如，上述材料的三句话揭示了市场调节的自发性、盲目性和滞后性。第一句："某年白菜价格暴涨，大批农户种植白菜。"价格暴涨，有利可图，菜农自发地追求利益，体现了市场调节的自发性。第二句："次年，白菜价格大幅度下跌，导致种植户和经销商损失惨重。"农户并不了解市场供求信息，盲目扩大生产，决策错误，损失惨重，揭示了市场调节的盲目性。第三句："我骑上白马，也追不上白菜行情的变化呀！"农户种白菜显然没有白马跑得快，而市场价格的变化却比白马还快，揭示了市场调节的滞后性。案例教学的哲学基础是矛盾的普遍性与特殊性的辩证关系原理，即普遍性原理寓于特殊性案例中，如何从特殊案例中分析出要素之间的本质联系，揭示出普遍性原理。教师一般具有较强的案例分析能力，因为作为案例分析结论的学科知识在教材中会清晰地呈现，对该知识在该案例中体现怎样的特殊性，以及特殊性与一般性的关系，教师是很清楚的。

案例教学同样具有局限性。一是知识与实践状况的脱节，静态的知识分析无法融入动态生活实践之中，如果彰显了知识原理不变，就会限制知识适应性、多样性状态，造成知识对解决丰富多变的现实问题的功能萎缩。例如，本案例分析只得出市场调节局限性的原理，对该局限性有何危害和如何解决未予关注。二是将具有行动的规范性知识也当作理论性知识原理对待，把别人成功的做法变成了僵死的教条。三是对人的培养上，为确保理论知识的稳定性，就必须保持理论知识最大可能的独立性和完整性，学习者的头脑被规范的、静态的知识原理填满了，由此人的生成性受阻，带来了高分低能的情形。

（二）游戏冲动及其对传统教学观的变革

情境教学强调理论知识不应只是揭示事物本质规律的抽象教条，还应转化为实际问题的解决方案，不同的情境问题应该有不同的解决方案。案例教学强调，要将纷繁复杂的现象世界理性化，把握事物的本质和规律。两种教学方法各执一端，它们都不是生成教学。

1.情境教学与案例教学都不是生成教学

席勒认为，"人只有在变化时，他才'存在'；只有在他始终不变时，'他'才存在"。人身上有固定不变的东西，称为人的"人格"，人身上不断变化的东西，称为人的"状态"。人的生成是在保持人格性不变的同时，又要求实在性的状态的变化。只有恒定不变的人格，没有变化的状态，就没有"生成"，不具有现实性；只有变化的状态，没有恒定不变的人格，就不是"他"的生成。人格是变化的根据，状态是人格的显现。人格与状态同时存在，人才能生成。恒定不变的人格是不可能生成的，离开了"状态"，"人格"就会成为虚幻，"一种趋向可能的、无限的表现的天赋；只要他不观照和不感觉，人就只不过是形式和空洞的能力"。人格是变化的根据，变化的状态是人格显示自己而成为现实的；状态是不断变化的，但离开了人格的状态就是杂乱无章、癫疯抓狂的"片断"，谈不上"生成"。所以，人的生成就要求"人格""状态"同时存在。用席勒的话语表述就是，对"人格"而言，为了不仅仅是形式，人必须把自身具有的天赋变成现实。状态是人格在时间中不断生成的，当人创造时间，并使变化与保持恒定的事物相对立，使世界的多样性与其自我的永恒统一性相对立时，他就使形式成为现实了；对"状态"而言，就要求人重新取消时间，在变化中固守保持恒定的事物，并使世界多样性服从其自我统一性时，他就使质料具有了形式。

感性本性要求把人格（理性形式）转化为不断变化的世界，使他的理性形式表现为现实性的现象。理性本性则要求绝对的理性形式，把一切纷繁复杂的外在现象变得有条理，使一切变化具有一致性，能形成理性形式。类似地，课堂教学要处理好学生学习的状态与教材理论知识的关系，也存在着感性冲动和理性冲动。教材理论知识要求转化为现实的教学活动，成为情境问题的解决方案，可以看作教学的感性冲动，其典型的教学方法是情境探究。教学活动要求形式化，使一切外在的学习材料转化为理性知识，可以看作教学的理性冲动，其典型的教学方法为案例教学。

情境教学不是生成教学，因为它专注于情境问题的现实性解决方案，忽略了普遍性的理论知识，只是强调多样性的问题解决方案，缺失了恒定不变的理论知识。首先，情境问题的解决方案突出其现实功效，忽略了理论的指导作用。杜威认为，教育是经验的改造，这也反映了情境探究对理性知识的冷漠。其次，情境探究指向特定情境的内容和行动目标，理性力量被限定在给定的素材、主体、视角之中，理性知识的普遍性被特定情境中的经验所取代，可以说，具有普遍性的理论知识被取消了。教学虽有轰轰烈烈的探究活动，但人的理性力量被感性冲动所淹没，虽解决了现实问题，但显示自我的理性力量并没有增长。

案例教学不是生成教学，因为它只关注普遍性的理论知识，却忽视了变化的状态，没有变化就没有现实性、没有生成，使理论知识变得僵化和虚幻。首先，案例教学丢弃了变化，它把事物变化发展的某一瞬间变成永恒，分析其内在要素的必然性，进而得出普遍性的理性知识。事物的本质规律在发展过程中呈现多样化状态，其内在本质表现出来的现象是丰富的，案例教学使事物发展过程中某一状态得到最高程度的扩展，摆脱一切感性限制，将其上升到理论观点，将特例与理论知识画等号，从而在理论知识中丢弃了其他多样的感性状态。其次，案例教学颠倒了"根据"与"结果"，世界多样化的现象是事物在发展过程中呈现的状态，其根据是事物的内在本质（内因）及其运动的规律，世界的多样状态是事物本质在时间中呈现的运动结果。案例教学将状态作为剖析的对象，把理性知识作为结果（结束了），停止了事物的时间性，普遍性的知识变得僵硬，不能生成状态了。如果把情境教学看作感性冲动，那么案例教学就是理性冲动，两者都不是生成教学。

2.游戏冲动对变革传统教学方法的启示

感性冲动与理性冲动需要同时存在，学生的感性能力与理性能力都获得生长，才是生成教学。如缺失一个或只强调某一个，那么感性能力与理性能力都将无法生长，感性能力与理性能力是紧密联系、相互贯通的。在感性冲动中要维护理性冲动，在理性冲动中要维护感性冲动。

案例教学与情境教学的实际运用是随着课程目标的改革而变动的。以"双基"作为课程目标时，只有掌握了基础知识才能进一步加强运用知识解答实际问题的技能训练，因此，教学强调基础知识的掌握，用例子证明知识则成为教学方法的首选。案例教学在课堂教学中起主导作用，掌握基础知识后，再通过情境探究运用知识，实际上多为知识的演绎。当理性冲动成为起决定作用的冲动时，理性思维抢先在感觉之前出现，理性冲动抢占了感性的地盘，导致感性能力无法与世界进行多样化的接触，出现了"高分低能"的现象。虽然基础知识掌握得较好，但缺失面对复杂情境解决问题的能力。以"情感态度与价值观"为首的"三维"目标，在教学方法上强调情境探究。情境探究的感性冲动起决定作用，感性接受的世界压抑或取代了理性知识，理性知识不能创造它的对象，教学活动游离于课程目标之外。例如，类似于头脑风暴的感性发挥，《背影》中作者对父亲爬过站台的描写体现了父子间的特殊情感，却被解读为父亲违反交通规则并被"专家"赞赏为学生的现代性解读，完全抛弃了语文阅读的人文性，使人文精神无法创造出对象被感性接受。

以"学科核心素养"为课程目标的当下课堂教学，需要一种新的教学观与之相对应。学科核心素养是一种比较稳定的学科认知、情感和行为能力，是学科的关键能力和必备品格。例如，中职思想政治学科核心素养有政治认同、科学精神、法治意识和公共参与，这些学科能力不同于每一节课要传授的具体知识、具体方法和具体能力，学科核心素养是恒定的，每节课都要求有认知领域的政治认同和科学精神，行为领域的法治意识和公共参与。也就是说，每节课都有学科核心素养的生长，每节课都要从学科素养出发创造出被感性能力所接受的对象。因此，学科核心素养的课程目标在根本上要求转变传统教学，追求感性能力与理性能力同时生长的生成教学。

德国美学家席勒提出的游戏冲动满足了生成教学的要求。"这种游戏冲动所指向的目标就是，在时间中取消时间，使生成与绝对存在相协调，使变化与同一性相协调。感性冲动要求被规定，它要求接受它的对象；形式冲动要求自己来规定，它要求创造它的对象；游戏冲动则将力图像他自己要创造那样去接受，力图像感官追求接受那样去创造。"简单地说，就是单纯的感性冲动是感官被动接受现实世界的多样性，单纯的理性冲动是理性主动创造抽象的知识，而游戏冲动则兼具感性的对象与理性的主动创造性，即感性主动地接受理性创造的可感对象。对课堂教学改革来说，就是要使情境探究的感性冲动与案例分析的理性冲动相协调，情境探究中感性被动接受的对象成为案例分析中理性主动创造的情节，这样，情境探究主动接受的是案例分析创造的多样性的现实世界。

（三）走向生成教学

如何将情境教学的感性冲动与案例教学的理性冲动相融合，在教学方法上有什么具体要求，这是生成教学必须解决的问题。

1.活的形象

如何将情境教学与案例教学合二为一？情境教学必须做到，学生面对生活情境具有人格性的自由和主动，而不是被动地接受，当面对扑面而来的现象世界，感官有主动选择的自由；案例教学的理性冲动创造的不是抽象的知识形式，而是能被感性感知的形象。用席勒的话说，感性冲动的对象是最广义的生活，理性冲动的对象是思维中的事物关系形式，那么，游戏冲动的对象可以叫作活的形象。"只有当他的形式在我们的感觉里活着，而他的生命在我们的知性中取得形式时，他才是活的形象。"例如，前文中的情境探究是"蔬菜价格有时出现大起大落现象，如何保障菜农的利益"，学生面对的是给定的蔬菜价格大起大落现象，只能被动地从感性出发，提出保障菜农利益的假设，并迫使自己开动脑筋验证假设。而案例分析是："根据上述材料，请你分析市场调节有什么缺陷？"学生通过理性分析只是获得了市场调节的自发性、盲目性和滞后性的知识形式。以上两种对象都不是活的形式。有教师的教学设计是："玉米，还是猕猴桃？"要求每一个学生扮演一位农场主，可以选择种玉米或种猕猴桃。教师发布去年玉米和猕猴桃的产量、消费量、价格、生产成本等信息，学生自主选择种玉米还是种猕猴桃。教师根据学生选择种玉米或猕猴桃的数量，结合市场供求关系给出价格，学生从收入与成本中计算盈亏。学生选择种玉米或猕猴桃的盈亏，是由自身选择带来的供求变化形成的。情境探究是学生自主选择，案例分析中的知识形式是可以感知的生产数量和需求数量，学生的自主选择引起供求关系的变化，进而引起价格的变动，最终反作用于每位农场主的盈亏。这便是游戏冲动的活的形象。实际上，学生探究的情境是由知识内在运行的机制创造出来的，学生面对的情境不是僵硬的、给定的，而是不断变化的；这种变化也不是随意的，而是由知识形式规范的。这样，案例分析中的知识形式就成为情境探究中自主选择的可感对象，也就是活的形象。

2.理论知识转化为游戏规则

生成教学要求学生自主选择的可感形象不至于混乱，能有序地运行下去，其关键在于游戏规则的创造，而知识内在的运行机制就是游戏规则。知识是事物的内在矛盾及其运行的规律，因此，知识有其内在矛盾双方的运动规律，游戏冲动的对象是活的形象，学生之所以能自主选择且不会使游戏混乱无法进行，就在于游戏规则——知识内在矛盾及其运行规律。例如，供求关系的变化会影响价格变动，价格变动导致生产商品的利润增减，进而引起生产规模的扩大或缩小，生产规模的扩大或缩小会进一步引起供求关系的变化。而浮在其上的表象世界——"玉米，还是猕猴桃？"就可以成为学生自由选择的探究对象了。生成教学的游戏规则可以从时间上分为历时性知识机制和共时性知识机制。历时性知识机制是指知识的内在矛盾的运作是随时间变迁而引起的。例如，"中华优秀传统文化的当代价值"这一议题。中华传统文化主要产生于中国封建社会，有精华，也有糟粕，所以要"取其精华，去其糟粕""推陈出新，革故鼎新"。优秀传统文化能解决当代社会问题吗？中华优秀传统文化能够跨越时空发挥它的当代价值，它的传统与当代、历史与未来的矛盾运动，构成了知识的内在运行机制，即游戏规则。共时性知识机制是指知识的内在矛盾是同一时间中两个事物之间的矛盾运动。例如，"自觉站在最广大人民的立场上"。这里有个人利益与社会利益的矛盾，局部利益与整体利益的矛盾，它们是共时性的；眼前利益与长远利益的矛盾则是历时性的，这些矛盾构成知识运行机制，渗透在具体的学生活动议题里，成为推动课堂教学的游戏规则。

可见，生成教学有两条线：一条是情境探究的现实世界，遵循以发现问题、分析问题、解决问题为逻辑线索的实践逻辑；另一条是以理论知识为基础的意义世界，遵循着知识所揭示的事物的内在矛盾及其运动规律为根据的游戏规则，内隐着知识的理论逻辑。生成教学不断地沟通现实世界和意义世界，也不断生成两个世界。

3.意义世界的生成

学生在游戏情境中如何生成意义世界？生成教学不是通过学科知识间接育人，而是通过活动直接育人，更确切地说，是通过游戏活动直接育人，活动指向人的素养的生成。那么，在教材中的学科知识又情何以堪呢？如何自处呢？学科知识必须"隐身"，"幻化"为知识机制构建学生游戏活动的内在规则，即游戏规则，意义世界就蕴含在游戏规则中。意义世界的生成不是知识的掌握，知识掌握有多种教学方法，无须大费周章地搞一个生成教学，可以说，生成教学为生成学习提供了教学保障，是意义生成的途径。学生从游戏活动中并非被动地掌握游戏规则，而是与游戏规则互动，内化为学科素养。石头、剪刀、布的游戏规则，在自主选择的游戏中领悟到万事万物的相克相生，事物的发展不是取决于一方，而是取决于关系，任何事物都有长短，优势与劣势都是相对的，没有绝对的优势等道理内化为学生的思想观念。同样，供求、价格与生产之间的游戏，生产由最初的为了个人获利，逐渐认识到个人获利是受供求关系影响的，生产不能仅仅盯住利益，更需要关注社会需求，供不应求时就要扩大生产，满足社会需求。学生逐渐认识到，商品生产不仅是经济获利行为，也是一种社会责任、社会道德行为，由此，将游戏规则生成学科素养[1]。

三、生成教学资源的开发和利用

中职学校的教学资源可以理解为一切可以用于教育教学的物质条件、自然条件、社会条件以及媒体条件，通常包括教材、案例、影视、图片、课件等，也包括教师、教具、基础设施等。简而言之，教学资源是在教学过程中被教学者利用的一切要素。在众多的教学资源中，有些是可以预设的，因为中职要教、要学的是人类成熟的知识，对教师而言是已知系统，具有确定性；但有些资源是无法预设的，因为相对教师而言的已知系统，对学生而言却是未知系统，具有不确定性，在很大程度上需要教师在教学过程中动态生成和积极建构。从这个角度看，教师只有合理利用教学过程中动态生成的各种教学资源，才能有效提高教学效率。

---

[1]于世华.生成教学:游戏说与教学观的重建[J].上海教育科研,2023(8):60-65.

(一)生成资源与预设资源是缺一不可的有机整体

从教学资源在教学中出现的时段和过程特征看，那些可以预先准备或提前设置的内容来源和支持条件就是预设的教学资源，如课程标准、教科书、教参、教辅、考试说明等教学文本，以及教室、实验室、教学场馆和实践基地等常规教学设备、设施等教学硬件。

那些无法事先确定、只能在教与学的互动过程中产生或呈现的内容来源和支持条件就是动态生成的教学资源，如教师和学生在教学互动过程中即时生成，或被引入、借鉴的知识、经验、问题、创意、思想、观点、主张、情意、态度、价值观等抽象资源，以及有利于教学活动顺利开展的环境、情境、氛围和时空条件等具象资源。

在实际教学过程中，预设资源与生成资源是一个有机整体，虽然它们的功能、对教学直接或间接的影响各有侧重，但二者相辅相成，缺一不可。教师在利用这些教学资源时不能顾此失彼。教学不仅需要引入、利用、开发可预设的教学资源，更需要灵活处理因教学互动而生成的资源，开发、利用教学过程中动态生成的资源。如此，预设资源和生成资源就可以相互协调和补充，共同促进课堂教学效率的提高和教学质量的提升。

(二)生成资源的开发与利用要防止忽视和滥用现象

无论是在理论研究上，还是在实践探索中，教育者都可能意识到动态生成的教学资源的存在和意义，但缺乏足够深入且系统的支撑性成果。在现实的课堂教学中，对动态生成的教学资源的开发与利用存在不少问题，最突出的表现是忽视或滥用生成资源。

中职学校的教学内容主要是经过专家预先筛选和设置的人类成熟的学科知识，所以很容易让教师把预设资源唯一化，缺少动态生成资源的眼光，甚或对于生成资源视而不见，误以为只要合理运用预设资源即可顺利完成教学任务，从而导致教学行为固化为"教教材"，忽视了"用教材教"。这种误解源于学科知识是客观知识的理论假设，即认为中职学生所学的学科知识是人类成熟的知识系统和智慧结晶，是有标准答案的，教学的主要任务是让学生理解和掌握标准答案。结果，原本十分丰富的教学过程被异化为单一的传授书本知识和解题技能的过程，而师生在教学中的积极性、主动性和创造性以及师生在教学互动中动态生成的教学资源被忽视甚至被压制了。事实上，教师和学生主体地位的丧失，不仅否定了教学过程中知识的主观属性，也否定了教学过程作为师生共同的生活过程和人生过程的现实性，而且最终把教学过程窄化为教教材、学教材、考教材，甚至陷入"考什么、教什么，教什么、学什么"的怪圈。

　　与忽视生成资源相应的是滥用生成资源。所谓滥用生成资源，是教师因为误解或曲解生成资源而误用甚至滥用生成资源，最终沦为为生成而生成的教学行为。殊不知，并非所有的生成资源都是正向的或有教学意义的。有些生成资源是反向的，是妨碍教学甚至有害于学生成长的；有些生成资源即使是正向的，但因为与教学目标的方向和重点不一致，其作用也大打折扣。所以，开发或利用生成资源时，教师需审慎行事，如果不顾教学实际，一味强调生成，甚至是胡乱生成，教学就会演变为脚踩西瓜皮式的"飘移活动"，学生也会陷入迷茫的窘境。比如，教学活动中的小组讨论会激发出很多生成性的教学资源，这些被激发出来的生成资源有正向的，也有反向的，教师应该仔细甄别，舍弃反向的，利用正向的。这样，小组讨论才能起到应有的作用。笔者认为，小组讨论要满足六个基本条件：一是有主题，讨论不能跑题，跑题就会沦为漫无边际的聊天；二是有主线，学生要在同一个逻辑层面上表述自己的观点，了解彼此的观点，否则，小组讨论就会变成单向的自说自话；三是主次分明，没有主次的讨论就会变成零散杂乱的信息堆积；四是有主见，不能人云亦云；五是求同存异，不能强加或盲从各种观点与想法，要寻求富有启发性的共识，尊重和宽容不同意见和观点；六是有小结，这是小组讨论让知识结构化的重要环节。只有这样，小组讨论的教学意义才能不断得到确认和深化。也就是说，开发和利用动态生成的教学资源是有条件的，要为实现教学目标服务，不能因小失大，以辞害意。只有与教学目标的方向和重点相一致的生成资源，才是真正有教学意义的。

（三）在知识转化连续体中开发和利用生成资源

　　书本知识是基本的、重要的预设教学资源，具有客观属性，是教师教学和学生学习的对象，政策性很强，但知识也具有主观属性，是人类主观认识的成果，因而也可以是师生在教学过程中共同建构起来的。仅仅把知识当作纯粹的客观对象学习，很容易把学生学习的知识演变为唯一结论或真理，导致教学过程成为一个简单的传授标准答案的过程。这样的教学止于学生对标准答案的接受与掌握，忽略了学生面向未来和面对未知的能力与信心，与核心素养的目标要求格格不入，很难支撑创新精神和实践能力的培育。

职业教育课程改革对教师利用或开发各种教学资源的意识和能力提出了更高要求。许多富有改革创新精神的学校和教师摸索、总结出一些利用、开发生成资源的实践经验。这些实践经验表明，教师与学生个体、群体在教学互动中生成的问题、困惑、理解方式、新颖观点、情感、态度、价值观等丰富的教学资源，都可以根据教学需要植入相应的教学过程中。这样，学生才能真正认识到自己参与教学过程的必要性，才能成为学习的主人。同样的道理，如果教师自己的经验、理解、智慧、困惑、问题等教学资源也能嵌入相应的教学过程中，教师也就能真正成为教学的主人，获得教学成就感，切身体会教学工作的价值。

预设资源尤其是精选的书本知识为教学提供了公共知识标杆，具有客观性、外在性、静态性和统一性等特点。但是，教学真正的意义在于每个学生个体都能够内化公共知识，并将其转化为自己的个体知识。这个内化的过程和结果具有很强的主观性、内在性、动态性和差异性等特点。同时，个体内化的知识必须再次转化，通过考试、评价等机制重新回到公共知识中，以防止个体知识的片面和偏颇。通过这个确认过程，公共知识因为更多个体的内化而获得更多个体的贡献，成为新的更为丰厚的公共知识，使更多学生个体成为新的公共知识的建构者和贡献者。作为预设资源的公共知识内化为学生个体知识是知识转化连续体中的第一次转化；作为生成资源的经学生内化的个体知识外化为新的公共知识，这是知识转化连续体中的第二次转化。预设的公共知识转化为生成的个体知识，再转化为新生的公共知识，交替运行，循环往复，成为人类知识传递、保存和迭代的重要机制。只有置于这个知识转化连续体中，教师才能寻到有效策略，更加合理地利用生成教学资源，更为积极地开发和生成教学资源。

教学在互动中生成，在沟通中推进。一个教学过程，一旦实现了师生间的真诚交流、相互理解和彼此感动，也就恢复了它应有的生机和活力，实现了立德树人的教育价值。教师和学生在表达自己的理解与感受时，要学会倾听、尊重和分享他人的理解与感受，善于从他人的认知成果中获取启示。只有这样，教师和学生才能成为教学过程的参与者，他们所表达的认知和感受才变得有意义。在表达各自的认识和感受的基础上，教师与学生共同解读书本知识，教师、学生与文本作者之间形成一种相互对话的关系，师生彼此倾听和分享对方的认知成果，才能加深师生对世界、人生、价值的认识与理解，丰富师生的内心世界。这样的教学过程才能使教师和学生得到成长和发展。

一个有意义的教学过程，不仅是一个教学客观知识的过程，还应该成为师生共同建构知识和完善人生的创造过程。只有当师生的生活、经验、智慧、理解、问题、困惑、情感、态度、价值观等生成资源真实地进入教学过程，教师和学生才会真实地感受到教学过程是他们的人生过程，是他们生命的有机组成部分，教学才有可能真正促进学生的健康成长和健全发展，也才有可能在客观上提高教师的专业发展水平，恢复生成资源应有的生机和活力。

（四）教师对于生成资源的开发和利用具有决定作用

在所有的教学资源中，教师是起主导和决定作用的因素，因为教师决定着教学资源的鉴别、积累、利用和开发。从这个意义上讲，教师是最重要的教学资源，教师的素质水平决定了教学资源的识别范围、利用效果与开发程度，以及教学资源发挥效益的水平。事实上，随着基础教育课程改革和学校内部教育教学改革的深化，教师是教育改革关键因素的观点已成为社会共识。事实证明，许多教师在自身以外的教学资源极其紧缺的情况下，充分利用现有的教学资源，可以化腐朽为神奇，实现教学资源价值的超水平发挥。

毫无疑问，学生的发展必须依靠训练有素的专业教师，教师必须做好准备以便给在能力、需求、经验和学习方法等方面各有所需的学生提供优质的教学资源。同时，教师应该获得充分的专业发展机会，以提高有效教学的能力。

综上所述，在教学资源建设的过程中，学校要始终把教师队伍建设放在首位，提高教师的教学资源意识及利用与开发教学资源的能力，特别是要提高教师识别、捕捉、积累、利用和开发在课堂教学中动态生成的教学资源的能力。如此，课程教学才能拥有更丰富的内容来源和支持条件，课堂教学效率和教学质量才能有更充分的保障①。

四、基于学科核心素养的中职历史生成教学策略

（一）利用生成资源拓展教学内容

全方位的历史教学，要求在教学过程中既要注重书本知识，也要注重实践活动。因此可以通过多种教学方法，在教学内容中引入更多的生成资源，形成以教材为基础的拓展性教学。在丰富多彩的教学活动中，学生的历史学科综合学习能力将得到充分开发，为后续全方位的学生评价奠定基础。

学生带着问题进入课堂学习，同时配合加强历史课堂教学中现代教育技术的运用能力，能够有效激发学生对学习历史知识的兴趣，并以醒目的、生动有趣的文字和视频，更好地开发学生的空间智能，让学生在想象与思考的过程中，不知不觉中学到历史知识，还能凭借良好的思维习惯逐渐形成历史学科知识体系，提升学习效率，达成喜人的教学成效。这样也能合理有效地扩大课堂教学容量，让学生更容易沉浸在课堂学习环境中，充分发挥学生在学习中的主观能动性，提升教学效率和质量。甚至能让学生逐渐对知识形成个人的学习体会，学习过程中学会寻找和总结规律，在新旧知识之间建立联系，对学习产生新的思考，这样也能让学生找到学习乐趣，保持积极向上的学习态度。在教师的引导下，学生通过多媒体呈现出的网络资料，开阔了学习视野，收获到的不仅仅是知识本身，还有思维习惯、技巧、参与度。在教学中鼓励学生拓展探寻知识起源，在求知过程中对知识产生求知欲的动力。

（二）开展分层教学

分层教学，是在教育的"发展性原则"基础上发展形成的教学方法，强调教育工作的发展性功能，在新时期教育课程改革中属于重点内容。对比传统的教学评价模式，分层教学更尊重学生个体间的差异，是针对不同学习能力学生实际需求进行的个性化教育方法。教师根据学生的学习情况，在教学设计中合理安排不同层次的教学目标，照顾不同学生的理解和学习能力，循序渐进设计不同层次的学习目标，让不同层次的学生都能积极参与教学活动，提升其对历史学科学习的积极性。

①吴刚平.生成教学资源的开发和利用[J].湖北教育（教育教学),2023(7):25-27.

将简单的、较易回答的题倾向于学困生，有助于提升学生学习的主动性，为学生明确具体的教学目标。分析、综合性较强的问题倾向于优秀生，可为其提供展示才能的机会，引导学生将知识学以致用和迁移应用。教师只有为学生明确学习目标、指明学习方向和示范学习过程，学生才能对既往学到的知识进行深度加工、理解并迁移应用。借助教育机制引导学生深入课堂，促进学生学会学以致用知识，提高学生迁移应用学习能力，实现课堂深度学习。教学评价过程引入分层教育理念，可集中分析学生的学习和发展情况，明确每个学生历史学习的优势与不足。以此为基础指导学生有目标、有计划地去改进和提升，将帮助学生在历史学习中不断发展。

（三）有机利用生成

传统的历史教学，教师常会总结重点内容，反复讲解知识，精心剖析解题方法。殊不知这样的教学方式会无形中束缚学生的个性发展。如果能顺应学生求知欲，让学生发现明确自己思维独特的一面，将学生作为课堂教学的主体，那么教师负责课堂的组织、激励、参与以及指导工作即可。聚焦于生成性课堂的"动态性"，指的是要在整体发展规划的引领下，既灵活又恰当地利用生成资源，去发散与探究历史知识。这就要求教师能做到有机利用生成，灵活掌控教学活动进展，引导学生在学习过程中积极探索发现，学习知识的同时形成个性化的学习方法。

（四）教学评价设计

在历史学科教学评价中引入生成教育理论，需要教育工作者在教学设计中明确、理解学科核心素养的重要意义，沿着核心素养的教育要求去设计教学评价的方式和内容。经过长期对历史学科核心素养的研究，可以在评价模式的设计中，将历史学科核心素养整理为文化意识、思维逻辑智能和学习能力等不同维度。教学评价设计中，教师针对学生的语言智能进行评价，日常教学中注意引导学生把自己的观点和看法大胆地在课堂或在小组交流中展示出来，让教学活动真正成为学生锻炼语言智能的良好时机。在教学活动进行期间，教师要细致观察、善于发现学生身上的闪光点，适时针对学生对历史事件提出的正确、新颖的观点给予肯定评价。让学生能对历史学习积极地进行心理暗示，在提升自我语言表达能力的同时，对学习内容产生更加强烈的自信心和兴趣，以更加积极地探究遇到的问题，这对教学质量的提升意义重大。从学科的核心素养出发，教师引导学生在学习新知识时，先明确本节内容的重点、难点，在听课时带着问题找答案，有目的性的学习过程效率会更高。然后再去进行教学评价，有利于引导学生养成良好的学习习惯，加深学生对所学知识内容的理解，从而提升其综合学习能力。这样设计的教学评价模式，有助于实现历史教、学、评的一体化和整体化。

结合以上的分析内容，可见在新课程改革背景下，优化改进中职历史教学模式具有重要的现实意义。在中职历史课堂中引入生成教育理论，构建多元化的教学模式，将多种方法相结合，提高学生的历史学科综合素养，不仅有助于提升现阶段的学科成绩，还能纠正中职学生对历史学科的认识，形成端正的学习态度和学习习惯，通过学习历史知识，对照历史，不断反省自己，提升个人的修养，养成良好的综合素质，为其未来的成长进步奠基。对教师而言，通过引入生成教育模式，能够提醒其树立终身学习的意识，伴随时代发展积极学习新的教学观念和方法，提升自身的教学水平[1]。

第三节 核心素养下的历史课堂生活化教学策略

一、生活化教学

生活指人或物为了生存和发展而进行的各种活动。在教育学研究领域，生活即为生活世界。美国著名教育家约翰·杜威（John Dewey）、英国社会学家赫伯特·斯宾塞（Herbert Spencer）、中国陶行知等知名教育家都对生活与教育的关系做出相应的阐述。杜威所表述的生活是指个体及人类的全部经验，意在强调教育与生活的包含属性；斯宾塞则是从广泛的意义上看待生活，指出教育的本质目标是为未来的生活做好准备；陶行知所提出的"教学做合一"强调生活即教育，强调教育以生活为中

---

[1]张江叶.初中历史生成教学的有效性改进对策探究：以《原始农耕生活》为例[J].考试周刊,2023(5):163-166.

心。从专家学者对生活与教育的关系分析不难看出，生活化教学理念是一种将教育与生活相联系的教学方法，遵循以学生为主体的教育原则，关注学生生命的整体发展，帮助学生通过对生活现象的分析，辩证地思考、发现、分析、总结知识，在深入体验与感受生活中实现自身实践能力与创新能力的提升。

二、新时代历史课程教学改革的生活化

中职历史课程教学的重要目标是让学生了解基本的历史知识，提升历史学科核心素养，帮助学生形成正确的世界观、人生观和价值观。要达成这一目标，就需要让学生把历史知识的学习和探究与生活联系起来，这就意味着历史课程教学不能脱离现实生活，而要深深地扎根于现实生活中。近年来，新课程改革逐渐向纵深发展，课程内容改革的重要方向就是要解决难、繁、偏、旧的问题，改变过分注重课本知识的现状，强化课程内容与现实生活及社会发展的联系，关注学生的生活经验，为学生的长远发展奠定基础。在这样的背景下，教师要全面理解生活化教学的基本理念，将历史学科的特点与生活化教育的要求结合起来，把生活化教学理念贯彻到历史课程教学中。

（一）历史学科的生活化特质

"鉴于往事，有资于治道。"（宋神宗对《资治通鉴》的评价）要从历史中汲取能为现实服务的大智慧，将历史知识与现实生活结合起来是实现历史课程教学价值的有效途径。历史课程教学是基于历史学的生活特质而开展的教学活动，它在本质上是通过对过去生活的思考，解释和探索现实社会生活的经验。从这个意义上来看，与其说历史课程学习是学习过去的知识，不如说是以过去的生活贯通现实的世界。在教学实践中，如果教师忽视历史知识与现实生活的联系，而只是照本宣科，学生就很难获得对历史知识的本质理解，更难以从历史知识的学习中汲取力量，出现"喜欢历史，但不喜欢历史课"的现象。中职历史教师要挖掘历史课程教学内容中的生活化元素，关注历史课程教学的生活化取向，将历史知识教学与现实生活紧密结合起来，引导学生从现实的角度反思历史，实现历史课程教学的价值。

（二）课程性质的生活化定位

根据《中等职业学校历史课程标准（2020年版）》（以下简称"新课标"），历史课程具有思想性、人文性、综合性、基础性特点，具有鉴古知今、认识历史规律、培养家国情怀、拓宽国际视野的重要作用，其中人文性、综合性体现了历史课程的生活化特性。根据新课标，历史课程教学要使学生树立正确的历史观、民族观、国家观、文化观，增强责任意识和社会担当，成为德智体美劳全面发展的社会主义建设者和接班人。这是历史课程教学现实价值及生活化的重要体现。新课标将中职历史学科核心素养界定为唯物史观、时空观念、史料实证、历史解释、家国情怀等，这也在一定程度上体现了历史学科的生活化取向。除此以外，在课程内容的选择上，中职历史课程应当避免专业化、成人化的倾向，应当体现时代性，贴近时代，贴近社会，贴近生活，使学生更加积极主动地进行历史课程的学习。历史课程生活化的定位凸显历史学科教学的内在要求，有利于学生在生活化情境中获得真实的历史体验，提升发现问题、分析和解决问题的能力，帮助学生把历史知识与生活联系起来，通过历史知识的学习加深对人生和社会的感悟和理解。

（三）课程教学评价的生活化取向

课程教学评价的生活化取向是生活化教学的重要组成部分。课程教学评价生活化可以分为课后作业生活化和学业评价生活化两种类型。对于前者来说，教师应当将生活元素融入课后作业设计中，将历史课程学习与现实生活结合起来。例如，教师可以组织学生参与社会调查并撰写调查报告，参观当地的历史遗迹和博物馆，撰写参观体会，开展历史小话剧表演等，将学习内容与现实生活联系起来。对于后者来说，档案袋评价、表现性评价和总结性评价是学业评价的三种常见类型。无论采用哪一种评价方式，都不应当以对知识记忆的考查为主，而应当侧重于考查学生对知识的理解，在评价过程中最大限度地把历史知识与现实生活联系起来，将生活化理念融入其中[1]。

---

[1]张蓓蓓. 基于生活化教学理念的初中历史课程教学[J]. 学园,2023(13):32-34.

三、生活化教学理念在中职历史教学中的应用价值与作用

(一)生活化教学理念在中职历史教学中的应用价值

在教育改革背景下,加强历史教学内容与学生生活实践及现代社会发展的联系,已经成为中职历史教学中的重要任务。人类社会的历史首先是人类与自然世界进行斗争的历史,是人类征服自然、改造自然的历史,是社会生产力和生产关系的发展史。由此不难发现,生活化教学理念与历史教学具有高度的契合性。

将生活化教学理念引入中职历史教学中,可以帮助学生树立正确的世界观、人生观和价值观,更好地了解人类社会的发展历程,实现人文素养的有效发展与提升。同时,借助生活现象、生活情境可以改善传统历史课堂中机械的教学现象,以贴合学生生活实际的内容进行知识讲授,为学生构建生动的学习情境,激发学生参与历史学习的兴趣,从而有效提高课堂整体教学质量。引入与教学内容相关的生活事件,可以帮助学生实现深度学习,从正确角度看待历史问题并解释问题,提高自身的实践能力。

生活化教学理念是指引教师参与课程改革的重要理念,将其融入中职历史教学中,能够有效实现课堂教学质量的提升,激发学生参与历史学习的热情。为实现理想的教育目标,教师应深入解读生活化教学理念的本质,找准历史教学内容与生活的连接点,为学生营造良好的学习环境,助力学生全面发展[1]。

(二)生活化教学理念对中职历史教学的作用

1.推动历史教学内容生活化

中职历史教材中所包含的历史事件的叙述和历史人物的描述都很难引起学生的共鸣,由于内容抽象且精练,所以学生理解起来会比较困难。对于教学内容进行生活化的处理,可以加强抽象历史知识的具体形象程度,让学生拥有熟悉感,方便学生联想和学习,为后面的教学活动打下基础。

以"伟大的抗日战争"教学为例。抗日战争作为"中国人民巨大的民族觉醒、空前的民族团结和英勇民族抗争",是自鸦片战争以来反侵略

---

[1]季媛袁.生活化教学理念在高中历史教学中的应用[J].学园,2023(15):51-53.

战争的第一次完全胜利。该课包含了日军罪行、关内关外抗日救亡运动、全民抗战、伟大胜利四个子课题，其中"空前侵略、全民抗战、伟大胜利"是本课的轴心。因此，教师在教学中为了避免学生感到乏味，首先就需要通过为学生再现历史画面，来激发学生的学习兴趣。教师在课程的开始利用改编的《满江红》作为导入，同时设计问题引导学生思考日本为何会侵略中国。在学生回答后，教师就可以将原因在黑板上进行板书。教师通过这样的生活化内容的设计吸引学生的注意力，使学生能够对教学内容燃起兴趣，一方面激发学生对日本侵略者的不满和对受苦受难中国人民的同情，另一方面让学生认识到落后就会挨打的事实。同时教师还可以结合当地的历史，找寻本地区抗战中的历史资料，进一步拉近历史事件与学生生活的距离。

2.推动历史教学形式生活化

当前中职历史课堂，大多数教师所采用的教学方式都是单一、生硬的，教师只是通过单向的传输方式，学生在整个教学过程中仅仅是作为聆听者参与到教学过程中的，这样的教学氛围下，不利于学生对知识的深入探究。而在新课程标准的指引下，教师采用生活化的教学模式，在教学中为学生创设生活化的学习情境，让学生能够在自己熟悉的氛围下进行深入探究，可以更好地促进学生思维的发展。

例如在"交通和通信工具的进步"的教学中，教师就可以提前让学生对自己家庭成员或者是亲戚开展调查活动，以近几十年来交通和通信发展为主题，询问上述人员这些年交通通信所发生了哪些变化，并了解到在以前交通和通信所使用的是哪一些工具，使学生对生活的变迁有个更好的了解，然后将自己所调查的内容加以分析，最后在课堂上进行分享。这样的教学方式可以使学生放松心情去沟通交流，不仅能够为学生创设更好的学习氛围，同时还能加强学生对知识的理解[①]。

四、基于学科核心素养的中职历史生活化教学策略

如何更好地发挥生活化教学理念的优势，提高中职历史教学质量，已经成为广大中职历史教师所关心的重要课题。教师结合多年的教学实践经验，对生活化教学理念在中职历史教学中的应用策略进行总结。

---

① 费涛.生活化教学理念在高中历史教学中的应用研究[J].试题与研究,2023(24): 103-105.

（一）设计生活化教学目标

教学目标是教学活动的向导，对教师的"教"及学生的"学"具有重要的导向作用。在传统的中职历史教学中，部分教师更多关注历史教材中的重点知识板块，并未在课前细致研读教材内容，后续教学活动的开展受限。在生活化教学理念的指引下，教师应重视教学目标的设计，确立好生活化教学目标，根据学生的已有知识及生活经验，帮助学生通过对历史知识的学习而有所收获。

以教学"古代的商业贸易"为例，在教学初始阶段，教师可以首先研读教材内容，确定本课重点内容为：商业贸易的起源与发展、货币信贷及商业契约这两大板块。然后根据教材内容，教师以生活为抓手设计相关的教学目标。

①知识与技能目标。第一，了解古代中国交换物品的场所，掌握地域性商帮的形成过程，理解商业贸易的起源与发展规律，分析古代与现代商业贸易的差别与变化。第二，阅读教材内容，了解商业功能由互补余缺向逐利增财转化的过程，并与现代社会进行对比，分析商业功能转化的原因。

②过程与方法。第一，以小组合作的方式搜集与丝绸之路相关的史料信息，分析丝绸之路对古代经济社会发展的影响，同时以丝绸之路为依托分析其对现代社会"一带一路"倡议的影响。第二，学生自主整理我国古代货币的形式，以思维导图的方式展现货币变迁流程，深化对货币变迁的了解。

③情感态度与价值观。以史为鉴，分析古代的商业贸易发展与文化发展的联系，通过经济与文化关联理解历史的发展规律。

设计说明：商业和贸易是人类社会的基础，古代的商业贸易发展影响着国家的进步与发展，对现代社会的商业贸易发展产生了深远的影响。围绕古代的商业贸易与现代的商业贸易进行对比设计教学目标，可以帮助学生从历史事件中学会分析、评价历史，树立正确的价值观念，进而为后续教学活动的开展奠定良好的基础。

如上，通过生活化教学目标的设计能够突破传统教学模式的限制，帮助学生更好地认识历史内容与现实生活的联系，提高自主学习的兴趣，积极主动地参与课堂教学活动，实现预期的教学目标。

(二)挖掘生活化教学内容

新课程改革要求课程面向学生、面向生活、面向社会。笔者对中职历史教材进行了细致的研读，发现教材中增加了许多与学生生活及现实世界贴合的内容，如近代教育发展、科技革命、风俗习惯及衣食住行等，是展开生活化教学的重要载体。教师应充分挖掘教材内容与生活的内在联系，为学生提供与现代社会发展息息相关的学习内容，培养学生良好的科学精神、人文精神等，促进教学目标的达成。

以教学"水陆交通的变迁"为例，本课主要向学生介绍古代的陆路交通及水路交通，通过交通与社会变迁的学习，使学生进一步感受我国的发展历程，深刻体会交通运输的变化对民众生活及社会变迁的重要意义。通过对教材内容的阅览，教师可以利用教材中所提供的古代陆路交通情况为切入点，联系生活实际，带领学生感受交通工具的变化。首先，教师可以利用多媒体向学生展示语文学科的古诗《蜀道难》，并引导学生结合所学知识对古诗内容进行翻译。在这一环节中，学生能够利用所学知识总结并提出全诗以形容蜀道的险峻为主线，凸显了蜀道地形地势的特点。其次，结合学生的回答，教师进一步引入学习资源，分享蜀道的相关信息：蜀道位于广元市剑阁县，广元位于川陕甘三省交界处，自高铁开通后，从成都直达西安只需要3个多小时，便捷的交通为广元市带来了丰厚的旅游收入，每年都有大量的游客自驾或乘坐高铁前往此地观赏剑门关、明月峡、柏林古镇、皇泽寺等美景。最后，跟随教师的资源导入，学生能够通过直观的方式感受古代交通的闭塞及现代交通的便捷，使蜀道不再"难于上青天"。

设计说明：调动学生已有的学习经验，促使其通过对比古代与现代的交通情况，能够直观感受现代生活的便利，深刻认识到交通对城市兴起、经济文化发展等起到十分重要的作用。

如上，通过教材内容的挖掘及生活化资源的分享，能够进一步帮助学生拓展文化视野，提升其核心素养，帮助其建立历史知识与生活的联系。

(三)挖掘生活化教学资源

法国教育学家卢梭主张学以致用，行以求知。在教学方面，卢梭坚决反对书本诵习和空洞的文字说教，要求追求真正的有用的知识。由此可看出，教师在教学中要引导学生在多元化的活动中进行学习，要通过结合学生的生活，让学生获得直接经验。同时，新课程标准中也指出，教师要挖掘历史教学中与生活相关的素材，利用生活化教学拉近学生与历史学科的距离，让历史教学更加贴近学生，贴近学生的生活。中职历史教材中的内容时间跨度较大，年代较为久远，给学生带来了一定的距离感和陌生感。因此，教师要结合教材中的内容挖掘生活中的教学资源，选择学生所熟悉的生活资源入手，使学生能够意识到历史就在身边，感受到以史为鉴的重要性，从而促进学生历史学科素养的发展。

以"交通工具和通信工具的进步"教学为例。本单元选择了衣食住行、交通通信、大众传媒等典型内容，充分展现了中国社会生活的变迁。教材中从水、陆、空三维空间生动再现了近代以来我国交通工具的变迁轨迹；以电报、电话、E-mail等通信工具的演变，诠释了我国通信事业迅速发展的历程，以学生的生活作为依托，为学生分析交通工具和通信工具进步的原因和影响作铺垫。本课内容十分贴近学生的生活，所以教师可以从中挖掘到许多与生活相关的教学素材。考虑到交通和通信工具与学生生活之间的密切联系，教师就可以以此为主题找到启发学生思维的关键点。教师可以结合当前各年龄阶段的人都对手机过度依赖的现实现象作为切入点，利用PPT展示一则实际材料和数据，让学生结合材料和数据思考现代科技对人类生活带来的影响，通过从正面影响和负面影响两个方面进行分析，促进学生批判性思维的形成。同时，教师还可以搜集新闻实例，让学生思考在发展科技的同时，如何避免科技将人类引入歧途现象的产生。利用这样的问题激发学生的思维，促进学生历史综合素质的发展。

（四）应用生活化教学方法

多样化的教学方法能够提高课堂教学质量，激发学生的学习积极性。在传统的课堂教学中，有的教师采取单一、机械的教学方法，不仅无法实现预期的教学目标，还有可能消磨学生的学习热情。教师应遵循以学生为主体的生活化教育原则，依托生活现象创设问题情境，引导学生通过生活化角色的扮演，以辩证的眼光审视历史问题，在特定情境中寻找问题解决的方法。

以教学"中华优秀传统文化的内涵与特点"为例，教师首先基于学生已有的生活经验，分享社会生活中常见的优秀传统文化代表事物，从传统节日、建筑、歌曲、古诗词等方面出发，引导学生结合所学知识分享所了解的中华优秀传统文化。其次，教师可以以表格的形式为学生分享中华传统文化在不同历史阶段的发展特征、发展趋势及代表文化现象。在这一环节，为充分激发学生的学习体验，教师可以创设生活化角色体验情境，在班级内开展传统文化分享大会，邀请学生扮演不同历史时期的人物角色，通过资料查找、角色扮演等方式呈现某一时期的文化发展态势。比如，部分学生选择以夏商周时期作为背景，以小组为单位，分别扮演大禹、商汤、周武王等角色，呈现民族融合、天下一家等相关史料信息，在分享与交流的过程中提升学生对中华文化发展历程的认同。同时，为提高学生的课堂参与意识，教师也可以转变教学方法，在班级内开展讨论活动。借助习近平总书记在纪念孔子诞辰2565周年国际学术研讨会暨国际儒学联合会第五届会员大会开幕会上的讲话内容，教师可以以"如何区分中华传统文化的精华与糟粕，如何更好地实现中华优秀传统文化的继承与传播"为主题，带领学生在班级内进行分享讨论，帮助学生在良好的学习氛围中进一步体会中华优秀传统文化在当代社会的价值，积极承担继承与传播中华优秀传统文化的使命与责任。

如上，通过多样化的生活化教学方法，能够帮助学生在深入理解中华优秀传统文化内涵的同时，意识到优秀文化在现实生活中的重要价值，养成良好的观察意识及文化传承意识，实现核心素养的有效发展与提升。

（五）运用生活化教学手段

生活中蕴含了许多教育资源，同时，生活化教学是有效提高课堂教学质量的重要途径。当前很多历史教学中依然采用的是传统的教学方法和教学模式，如，照本宣科，将教材中的内容逐字逐句传授给学生，又如课后布置相关习题让学生练习，通过这样的方式来加强学生对知识的印象和记忆。这样的教学方式无疑进一步加深了学生对历史学科的刻板印象，学生会觉得历史学科枯燥、乏味，只需要按要求记忆知识点。为了改善这一教学现状，教师首先就要改善传统的教学模式。因此，教师可以在教学中适当地融入生活化的教学手段，激发学生的历史学习兴趣。

以"列强入侵与民族危机"教学为例。本课主要反映了1840—1900年西方列强对中国政治、经济和军事侵略，使中国沦为半殖民地半封建国家，使国家陷入了严重的危机之中。同时，本课也揭开了中国近代史的序幕，在整个中职历史教学体系中占据着十分重要的地位。引导学生对半殖民地半封建社会含义的理解和把握，带领学生总结出形成近代中国民族危机的根本原因是本次课程的教学难点。这一问题比较抽象，需要学生全面、客观、辩证地理解。因此，为了加强学生思维能力和辩证唯物主义的思想，教师可以在教学中巧妙地利用生活化的教学方式来激发学生的学习兴趣。教师可以让学生利用课余时间观看中央电视台纪录频道播出的纪录片《圆明园》，这部纪录片中对我国圆明园里许多珍贵的文物都作了详细的介绍。教师引导学生观看纪录片，加强对历史的探究兴趣和热情。

（六）构建生活化教学情境

中职历史教材中夹杂了许多抽象的内容，教师如果在教学过程中始终运用传统说教的方式会使得课堂学习氛围枯燥乏味，学生对历史学习提不起兴趣。我国著名教育学家陶行知先生曾说过："没有生活做中心的教育是死教育。"因此，在中职历史教学过程中，教师可以将教学内容与学生的生活相结合，为学生创设生活化的学习情境，将知识点和生活有效链接，让学生能够通过具体的生活实例产生身临其境的感受，这样才能更好地激发学生的自主学习兴趣。

以"物质生活与习俗的变迁"教学为例，这节课从物质生活和生活习俗两个方面进行了阐述。一方面物质生活的变迁描述了我国近代大城市人们社会生活变化的原因及在衣食住行上风俗习惯的变化；另一方面社会习俗的变迁中讲述了我国近代大城市人们婚俗、葬仪、其他风俗变革的状况及原因。相较于其他专题的学习，这一专题的内容是学生比较熟悉的，其中的一些变化就发生在我们的身边，因此比较容易激发学生的学习兴趣，学生的探究欲望也会更强。教师可以将学生分为服饰、饮食、建筑和风俗4个小组，让学生课前搜集有关近代现代服饰、饮食、住宅及风俗方面的图片及资料，然后在课堂上邀请小组的成员上台展示图片的内容，告诉同学们这是近代社会生活哪一方面的变迁，并分析变迁的原因。通过这样生活化的情境设置，可以激发学生深入探究的兴趣，同时，还能拉近历史学科与生活间的距离，使学生切实感受东西方文化与中国近代化的密切关系。

(七)结合生活化教学语言

教师的语言对于提升课堂教学质量同样有着十分重要的影响。部分教师在教学过程中会有意识地使用一些专业术语，而部分教师则是在教学中完全利用专业术语进行教学。虽然这样的方式可以凸显教师的专业程度，但是容易使课堂教学氛围变得生硬呆板，不能有效引起学生的学习兴趣，会让学生认为历史就是严肃且古板的学科。苏联教育学家斯维特洛夫认为："教育家最主要的，也是第一位的助手是幽默。"教学幽默艺术在教师的课堂教学中起到了不容忽视的作用。教师利用幽默的语言可以活跃课堂氛围，改善课堂教学环境，激发学生的学习兴趣，同时，教师还可利用幽默的语言增进教师与学生之间的关系，拉近师生间的距离，使学生能够在课堂上激活思维、大胆表述。因此，在实际教学过程中，教师要利用生活化的语言，加强学生对知识的理解。

以"百家争鸣"一课中对"孟子的思想主张"教学为例。百家争鸣是我国历史上第一次文化高峰时期。本节内容是本单元的起点，因为只有了解了各种思想的代表人物及其言论，才能够深入理解思想的发展脉络。关于百家争鸣的内容，学生在初中的时候已经有了一定的了解。但是由于年代久远，学生仍旧对于这节课内容比较生疏，因此，教师在教学时要了解学生的基础知识情况，用较为通俗易懂的语言来呈现教学内容。在进行孟子的思想主张教学时，教师就可以和学生一起探讨孟子的思想内涵，同时还可以引入朱元璋在读了《孟子》后差点将孟子的牌子从孔庙中撤出，后来在大臣们的建议下才收回成命的这一事例。教师运用生活化的语言再现这一事例，将历史鲜活地呈现在学生面前，使学生身临其境。

(八)实施生活化教学评价

生活教育理论是陶行知先生的主要教育思想，主要包含生活即教育、社会即学校和"教学做合一"三方面内容。在生活化教学理念的指导下，教师应充分践行"教学做合一"思想，在保障教学目标、学习活动、实践相统一的基础上，重视评价环节的重要作用，建立促进学生全面发展的评价体系，根据学生的学习过程进行科学评价。同时，为进一步提高评价的整体质量，教师要合理、有意识地引导学生参与到评价环节，采取多元化的评价方式提高评价的客观性与有效性。

以教学"社会主义国家的发展与变化"为例。在生活化教学过程中，联系本课重点学习任务，教师采用知识辩论、社会调查等方式引导学生以我国社会主义发展进程为主线参与实践活动，创设生活化情境帮助学生了解我国社会主义建设的历程。首先，针对学生在活动中的表现，以小组成员互相评价等方式对学生的学习成果作出判断，以更全面的评价方式完善评价体系。其次，教师可以采用观察法，观察学生在课堂学习中的表现情况，分析学生在探究与拓展、历史纵横、学思之窗等板块学习中的具体表现，从而以正向的评价促进学生的良性发展。再次，教师可以鼓励学生积极参与到评价环节，以自我评价的方式进行反省，总结在学习活动中所掌握的学习内容及存在的不足，并提出解决方案。最后，教师可以利用常规的测验方法对学生的历史学习成果进行评定。结合本课所学内容，教师可以为学生分享有关马克思主义的产生、新时期社会主义民主法治建设、中国特色社会主义发展道路探索等相关例题，帮助学生利用已有生活经验及所学知识进行解答，从而帮助教师进一步掌握学生的基本学习情况。

如上，通过完善的评价方式，能够为学生后续学习指明方向，充分发挥生活化教学理念的重要价值，使评价回归生活，与学生的生活实践紧密相连，帮助学生通过积极评价树立学习自信，不断改善自身在历史学习中所存在的不足，逐渐实现核心素养的发展与提升。

在中职历史教学中，教师要充分认识生活化教学理念的重要价值，结合学生的已有经验，创设良好的生活化学习情境，帮助学生顺利构建生活与历史的链接，在提高学习质量的同时进一步拓宽历史视野，发展历史思维，提高历史学科核心素养，充分发挥中职历史学科的育人功效，实现理想的教育目标[1]。

---

①季媛袁.生活化教学理念在高中历史教学中的应用[J].学园,2023(15):51-53.

第四章　基于历史解释核心素养的历史课堂教学设计

第一节　历史解释核心素养概述

一、历史解释

《中等职业学校历史课程标准（2020年版）》（以下简称"新课标"）中对学科核心素养之"历史解释"的表述是：

"历史解释是指在一定历史观的指导下，以史料为依据，对史事进行理性分析和科学评判的态度、能力与方法。

"所有历史叙述在本质上都是对历史的解释，包含了陈述者的主观认识。人们在唯物史观指导下，通过对史料的搜集、整理和辨析，辩证、客观、全面地理解和解释历史，揭示其表象背后的深层因果关系，不断接近历史真实。"

课程目标对"历史解释"落实要求的表述是：

"能够依据史实与史料对史事表达自己的看法；能够对同一史事的不同解释加以评析；学会从历史表象中发现问题，对史事之间的内在联系作出解释；能够全面客观地评价历史人物；能够实事求是地认识和评判现实社会与职业发展中的问题。"[①]

二、历史解释核心素养

（一）历史解释核心素养的内涵

在新课标中提出了"五大核心素养"，"历史解释"是其中的一个核心素养，需要学生通过史料，对历史事物进行理性分析，并作出客观评

[①]中华人民共和国教育部.中等职业学校历史课程标准:2020年版[M].北京:高等教育出版社,2020.

判，具备收集资料、整理资料和思辨能力，从而客观地反映事物的内在联系。培养学生历史思维，能够让学生挖掘历史事件的发生发展原因，并揭示真相，促进学生历史表达能力和思维能力的发展，达成教育目标。在这一过程中，需要学生理解历史史实归纳历史事件并对其进行归纳和总结，通常教师可以通过思维导图的方式，梳理资料，从而让学生对资料有基本理解。之后需要进行辨析，为历史事件进行公正合理的解释，并应用准确的语言进行叙述，构建历史解释，同时要求表达语言顺畅逻辑通顺。对历史解释进行分布解析后，可以发现培养学生"历史解释"核心素养需要一个漫长的过程，逐层实现目标，从而达到最终教学目标。

（二）历史解释核心素养的特征

1.具有精准性

历史学本身是客观的，但是历史学科和历史解释具有主观性，在对客观史料进行分析的主体是人，因此，不可避免地产生主观性，平衡主客观提升历史表述精准性是对历史学习的考验。在中职学习中，学生获得的史料由教师提供，因此需要教师把控史料的真实性，标明其出处以增强史料精准性。

2.具有多样性

由于历史学科带有主观和客观两重性，因此，不同人对历史史料的解读具有多元化特征，中职学生需要根据多种历史解释，利用所学和资料进行分析，从而对历史作出客观真实的历史解释。

3.具有深刻性

对于史料的选择，需要遵循严谨性原则，从而为历史解释提供可靠性资料，利用文字记载、实物等方式进行考证，增强史料真实的说服力，让史料体现其深刻性，是历史学习实事求是的基本学习态度。

（三）历史解释核心素养的重要性

在教学中"立德树人"是当前教育根本任务，"历史解释"则可以引导学生建立正确的价值观，促进学生对历史的思考，达到教育目的。中职是学生形成三观的重要时期，通过对历史解释的学习和培养，可以促进学生广泛阅读和深入思考，从而锻炼学生自主学习能力和思维能力，促进核心素养培养。

（四）历史解释核心素养在历史教学中的意义

随着教育部《中等职业学校历史课程标准（2020年版）》的出台，一线中职教师对历史解释所触及的课堂价值和立意越来越重视，在教学中往往采用创设问题新情境、小组合作探究等教学手段来培养学生的历史思维能力。但在实际操作中也出现很多的问题：如强调思维能力训练却忽视强化基础知识与技能；突出推理、演绎思维方式，手段多样，看似面面俱到，实则思维训练深度不够；只重分数，忽视核心素养的提升，导致学生对历史基本概念不清，历史解释能力不足。鉴于此，教师作为教学实施过程中的引导者，合理利用课程资源与逻辑思维的意识有待在理论研究和实践探索中继续深入。另外，从学生层面来看，以史料、史实为依据，运用分析、综合、比较、归纳和推理论证等思维方法，符合中职学生认知发展规律。而目前由于应试教育等多方面原因，中职生对历史基础知识的掌握仅停留在表面，对历史的认识也较为片面，不能全面地了解历史事件，从而导致很难形成较强的理解力。针对这一现象，有必要在现行教学中将历史核心概念教学与历史解释有机结合，培养学生对科学思维方法的运用能力，全面提高学生的综合素质，树立具有历史学科特征的正确价值观、必备品格和关键能力。

历史解释涉及历史学相关理论知识，历史解释素养要求学生具备较强的历史思维能力，教师需要借助逻辑思维对学生进行启发，突破其原有的思维定式，提升学生的积极性和能动性，达到立德树人的要求。作为未来课堂的核心特质，其建构关键在于引导学生建立"研与学"的共同体，推动课堂向以学生为主体的课堂转变。在新课标提出的教—学—评一体化视域下，传统传授型课堂逐步向"能动学习"的课堂转型。这种能动学习的课堂生态，要基于必备知识、依托逻辑思维，在互动和建构中，既发展学生高阶能力，又能提升学生的历史解释素养能力。

而开展核心概念教学，有助于提升学生历史解释能力。历史核心概念可以帮助我们通过判断、推理、归纳、提炼历史现象揭示历史事物表象背后的深层因果关系和发展趋势，从而对历史事物进行合理的解释。新课标明确指出，"在进行历史解释时，还要注意按照时间序列和空间逻辑，对历史事物、历史人物和历史现象进行合乎逻辑的意义关联"。基于此，在基于核心概念的问题驱动下对历史现象、历史问题、历史人物，进行理性分析和客观评判，有助于中职学生历史知识的建构，拓展其思维广度以及学习的深度和效度，提升学生理性化的历史思维能力，对培养学生的历史解释素养具有巨大的推动作用，也有助于学生学史明智，落实立德树人的根本任务①。

三、历史解释核心素养培育理念的学术根源

"历史解释"作为核心素养培育的构成要素，核心素养修辞组专家在解读为何有此设计时，特别强调了其原因是考虑到"一些国家（如英国）还特别强调历史发展进程中的多样性与相互联系，如文化、思想、宗教的多样性和差异性"，认为我国的历史教育应有意识地将国际史学近些年来的新观念引入中职历史教学的设计理念之中。这体现了我国历史教学改革与时俱进的积极态度，也因此给历史教学的一线从业者带来了新的挑战。可见，"历史解释"的尺度拿捏有难度，其根源在于历史学学术研究的前沿理论的深化。因此，有必要理清历史解释问题的学术意涵和理论指向，形成对这一问题根源的实质性把握。目前，国际史学前沿的理论探讨中，历史解释问题同样是相当复杂，难有定论，长期处于争议之中。

首先，历史解释问题的争议虽早已有之，但20世纪70年代以"后现代主义怀疑论"的形式向历史学的合理性发起了尖锐性空前的挑战。古希腊的亚里士多德就曾将历史学比作喜剧作家，以形容历史学存在说法不定现象。他说："历史意在记录个别事实。……个别事实……这种情况在喜剧中非常明显，因为剧作家根据可能发生的事来构架他们的情节，然后随意给人物命名。"17世纪，哲学家笛卡儿批评道："就连最忠实的史书，如果不歪曲、不夸张史实以求动听，至少总要略去细枝末节，因而不能进入原貌。"不过，这些都是哲学家对历史叙事中存在的一些反面例子进行点评，并未对历史学的学理合理性造成实质性的破坏。真正挑战到历史学信服力的是20世纪70年代以来出现的后现代主义史学。其代表人物、美国历史学家海登·怀特认为历史叙事是一种通过语言尽可能模仿出事实在现实中的样子，可是由于语言在模仿（或描述）事实过程中总会不可避免地偏离事实原本的状态，发生"转义"，因此只要历史学

①刘三军. 基于历史核心概念培育学生历史解释核心素养策略探究：以《近代民族国家与国际法》为例[J]. 新课程评论，2023（5）：105-113.

是用语言作为叙事的工具，就很难如实。他说："我们所面对的一个不可避免的事实是，即使在那些最朴素的推论性散文和文本中，尽管它们试图在不借助任何修辞雕饰和诗歌形象的前提下再现'事物的本来面目'，它们也总不能如愿以偿。可以表明，每一个模仿文本都从对其对象的描述中漏掉了某些东西，或者加入了某些东西。"此外，怀特也指出了公众对历史学家声称做过某种润色和改动的历史叙事严谨可靠的做法普遍不满。"历史学家远非像他自己声称的那样是艺术与科学之间理想的仲裁者，而是二者无可挽回的敌人。简言之，到处都存在着对历史学家的怨恨和不满，他一方面要求得到艺术家和科学家的特权，另一方面又拒不服从当前在艺术和科学中通行的批评标准，这使得他声名狼藉。"历史学的合理性在后现代主义史学的批判下，面临前所未有的挑战。

其次，新文化史成为新史学发展的显学范式，国际前沿有影响力的史家都在从多元主义的角度解释历史，呈现出历史的"碎片化"局面。20世纪60年代起，文化人类学阐释文化内涵的独特优势时吸引了一些历史学家的注意。在文化人类学家看来，人们对于其周遭环境和社会其他成员的行为和言语的理解与解释会在社会成员中间构成一个区域内共享的文化意义系统。美国人类学家格尔兹就指出：文化实际上就是"人编制出来的意义网络"，而"人就是悬在由他自己所编制的意义之网中的动物"。为了廓清这种隐藏于事实背后的意义网络情境，人类学家提出将人类的日常行为作为文化的象征符号，通过解释文化符号的意义，构建文化网络的机制。历史学家也试图像人类学家一样，找到历史上的文化意义网络，因此，他们开始在文化内从小处着眼解释历史的文化意涵。在他们看来，"无论是物质、语言还是工艺品，其意义的本质必然归于可由感官感知的象征物形式"，即文化的"符号"，而"这些符号或是直接，或是间接地与之象征的'看不见的'内涵相联系"。文化的象征性表达调和了多元史料与心态阐释的矛盾，即通过对个性个体的描述获得多层次的文化理解。这种后来被称为新文化史的研究潮流以强调历史事实的复杂性、历史解释的冲突性和历史意义的模糊性为特征。这使得国际史学界越发推崇多样化甚至个性化的历史学解释潮流。新文化史的旗手林·亨特对此概括道："他们不能忘记，他们所处理的那些文本以各种各样、各自不同的方式影响着读者。描述过去的象征性行为的文献不是清白透明的文本，其作者有着各自的意图，使用着不同的策略，所以文化史家应该设计他们自己的解读策略。"林·亨特承认新文化史潮流在借鉴人类学模式时导致了历史学研究的碎片化趋势。她说："人类学中最引人注目的著作一直为意义的那种矛盾、充满政治色彩、可以改变、碎片化的特征辩护。"新文化史对多元性的强调，使得前沿历史学更关注冲突性、可能性和复杂性，给历史认知带来不稳定性。

再次，美国霸权主义披着"历史终结论"的外衣，以历史哲学的形式夸大其意识形态的普适性，进一步破坏了历史学作为一门学问的公信力。1989—1992 年间，日裔美国作家弗兰西斯·福山发布了"历史终结论"。这个论调的措辞具有多重迷惑性。其一，它以貌似探讨学术的架势实际上在鼓吹西方的意识形态。其二，它采用"终结"这种危言耸听、博人眼球的字眼，使之从常识上被认为只要人类存在就不会终结的"历史"形成了强烈反差感。实则除了增加话题性和关注度，并无字面所暗示的那种危机局面。其三，它实际上分析的是西方基于殖民活动构建的雄厚物质基础所处的经济优势地位，但却使历史学的合理性和严肃性遭受质疑。上述几点作用的叠加，在措辞上呼应了历史虚无主义的论调，使历史学作为学术探究的纯粹性被霸权主义意识形态的宣传搅浑。福山的逻辑是，如果人类实现了权利的平等和自由，历史就将终结。他说："自由和平等之间的平衡点在每个社会都各不相同。这些国家在社会惯例和生活质量方面虽然存在很大差异，但它们在选定平衡点时，则都能够坚持自己民主的基本原理。对更深层的社会民主的欲望并不需要牺牲形式民主，因此它本身不会否认历史终结的可能性。"显而易见，其本意与"历史学"将失去其研究下去的意义，和人类社会可能会衰落乃至终结毫无关系。所以说，福山用一个带有营销作用的措辞向处于越发多元化趋势下的公众传达了一种极易误解的暗示。这种论调和写法，对于历史学的业余爱好者和不明真相的读者有极大的误导性，加之信息化时代很多文字的影响力是以标题而非内容博得关注。因此，历史终结论往往会成为媒体博取读者的工具。而在以讹传讹的误解性建构过程中，历史终结论有时甚至成为一些人理解历史和历史学的一种方式。历史解释在这种末世论调的冲击下，被导向了一种历史虚无主义的困境。

历史解释问题在当前国际史学前沿领域中也是极具争议的话题。各种新的学术理论和并非纯学术性解读使这一问题潜在地联系到历史学的学术合理性和解释信服力的问题。这显然是中职历史教学在进行历史解释素养培育时存在尺度把握困难的深层次原因。

四、历史解释核心素养融入中职课堂的难度及其重要性

历史解释素养培育的难度在于将不确定性意识呈现给学生的尺度和方式不易把控。这是因为，让学生认识到历史学知识的不确定性，虽然可以加深中职学生对史学研究的深刻理解，但同时也有可能激起学生某种逆反心理和不适当的怀疑性反思。这涉及中职学生在当前时代背景下的心理成长状态。

近几十年，我国社会的信息化程度显著提高，学生通过现代化信息工具获取信息的渠道远比几十年前高效、丰富得多。然而，信息的多元化，虽然开阔了学生认知世界的眼界，但也催生了信息的商业化。从新闻学的意义上讲，信息已成为一种商品。这使得越来越多的信息在追求娱乐性的过程中逐渐失去对可信度和如实性的遵循。越是危言耸听、与众不同的说法，越是能博人眼球，引起关注。成年人对于这类信息有时尚且无所适从，更何况正处于青春叛逆期的中职学生。他们最大的问题在于会下意识地将新奇、另类视为首选，而将经典和传统误以为是老生常谈。中职学生正处在历史思维形成的微妙阶段，呈现出求知欲旺盛却思辨能力有限的特点，因而在信息化时代且信息已经商业化的背景下，面对各类叙事充满好奇但又对其背后的性质和意义缺乏识别的经验。

因此，历史解释素养培育工作在中职学生中开展有其难度。试想，学生听到教师在课堂上分析历史叙事和解释的多元性和复杂性时，他们除了会将课堂上关于历史解释的素养培育理解成关于历史学知识的更深度思考之外，极有可能产生一种带有历史怀疑论倾向的判断，以否定历史的确证性和可靠性为手段博取关注，故作高深，陷入历史虚无主义泥潭。可见，在中职历史教学中，若是对历史解释的相关话题把握不当，将影响学生树立正确的历史观。而如何帮助中职学生确立正确的历史观，恰恰是中职学生学习历史课程的重要目标之一。《中等职业学校历史课程标准（2020年版）》针对历史解释这一核心素养所制定的课程目标是："能够依据史实与史料对史事表达自己的看法；能够对同一史事的不同解

释加以评析；学会从历史表象中发现问题，对史事之间的内在联系作出解释；能够全面客观地评价历史人物；能够实事求是地认识和评判现实社会与职业发展中的问题。"以上课程目标需要大量的史学理论方面的"解释"，不仅对于中职学生，即便对中职历史教师甚至历史专业从业者而言，适度、准确的历史解释能力也是极难把握的。

历史解释的多重课程目标不仅凸显了把握历史解释能力的难度，同时也彰显了历史解释的重要性。除此之外，历史解释的重要性还体现在社会上的任何个人，无论文化素养如何，都会根据自己的理解进行历史解释。可以说，在所有自然科学和人文社会科学各学科中，历史学科的解释和评价很难有一个标准，人人都可参与解释和评价，且层次有高有低，多会产生谬误。探究其深层次的原因，民众"历史解释"素养较低是主要原因。因此，在中职教育阶段，培育学生历史解释的核心素养或者关键能力，对于提升整个民族的文化素养，具有不可替代的重要意义。

此外，历史解释作为核心能力，也是检验学生的历史观和历史知识、能力、方法等方面发展水平的主要指标。落实到教学方面，以中外历史纲要（上）第一单元第1课"中华文明的起源与早期国家"为例，历史教师通过描述古代中国的自然地理环境，引领学生解释中华文化为何自成一体。通过分析宗法制解释古代中国何以"家国同构，君父同伦，忠孝同义"。在考核方面，纵观历年高考历史材料分析题，不乏评判史事、表述因果、阐明联系与异同的题目，这些都要求学生能够提炼出深入合理的历史解释，不断接近历史真实。但实际上历史解释能力的提升亦需岁月的积淀，经验的积累。中职学生历史解释素养培育的现状也再次说明了其在中职历史教学中的棘手与紧要。

五、史学前沿理论对历史解释核心素养培育策略的启示

既然中职历史教学的历史解释素养培育的困难性相当程度上来自史学前沿理论的复杂化，那么解决前者的问题也必然可以从后者的语境中找到些许启示。尽管国际史学前沿关于历史解释的复杂性提出了导向怀疑论性质的暗示，但的确有一些历史学家给出的应对怀疑论导向的对策颇具可借鉴性。虽然他们给出的应对方式属于学术层面，但其中一些思路仍可用于基础教育的探索。

当前，史学界回击怀疑论的观点主要分为三种。

其一，指明历史怀疑主义的实质具有破坏性影响。英国史学家G.R.埃尔顿严厉地批评后现代主义者抓住历史书写的局限性就质疑历史学不可能再现事实的怀疑论调。他指出"全面的相对主义"就像是一种破坏历史真理观的病毒，是"轻率的虚无主义"。同时强调批判历史怀疑论对于年轻人的历史教育尤其重要，"我们的目的也包括守护那些心智尚不成熟的年轻人的生活，那些冒进的吸引力环伺他们周围，号称会给予更具高见的想法和更深刻的洞见——这仅仅是一种心智上的毒品对等物而已"。这种直击怀疑论本质，指出其危害性的做法，从学术严肃性上阐明了历史学研究的志趣指向，树立了历史学的正确立场。

在中职历史教学过程中，历史教师应一方面鼓励学生存疑求真，探求真理的学习愿望；另一方面要提醒学生克服怀疑一切、否定一切的极端倾向。例如，日本一些人因为中国无法提供30多万被屠杀者的姓名、户籍等详尽资料，从而抹杀南京大屠杀的真实性，针对这种情况，教师授课时必须进行正确的引导：对于大屠杀这类人道主义灾难的极端事件，应该追求"数据之真"，但更应该追求"道义之真"。屠杀30万人与屠杀40万人，或者屠杀数万数千人，皆属于人类滔天恶行，此并不因数据之些许差异而增减，这才是历史价值的真正体现。美国历史学家彼得·诺维克认为客观性是个理想，是"那高尚的梦想"。因为中职学生与学术层面的思维并不处于同一智识层次，伸张学术严肃性的主旨在学生的思维中未必获得深切共鸣。做好这项工作还需要其他吻合中职学生心理认知特点的手段。

其二，推广公众史学的形式，倡导历史解释的"共享权威"。公众史学最早在20世纪60年代的美国出现。最初的目的是扩展史料来源，通过非精英群体和非文字性材料获得对现当代历史的多角度认识。由于公众史学研究的过程不是面对职业史家的文本，而是出身不同、来源复杂的历史亲历者，因而他们对受访者从面目全非的记忆中搜罗出的模糊描述，以及带有美化或偏见的片面之词已经习以为常。因此，公众史学家并不像传统史家那样追求通过实证得出固定事实。他们并不否认历史认识的有限性，而是认为历史学家在历史事实与历史学的局限性之间找到了一个平衡点。在他们看来，"如果公众史学不仅是一个知识范畴，而是历史建构的过程，那么历史建构与历史思维同等重要"。公众史学家认为，历史学书写加重平民口述的比重，尽管使历史解释看起来呈现出复杂化，但却从另一个意义上实现了历史学的良性发展。因为以往历史学知识的传播是通过权威史家向民众单向传递研究结论，公众共情性差。而公众史学实现了公众参与，表现形式也是公众性的，它实际上更易于唤起公众与历史的共鸣。公众史学家迈克尔·弗里施提出历史的"共享权威"理念。他说："我们会遭遇各种解释框架与理念碰撞，在专长与体验之间对话。每一个参与者都是访谈的合作者，是展览的设计者，而不是被动地接受访谈或展览的意义。可以想见，如果我们视权威具有'对话性'，'共享权威'会更容易些。"

公众史学的共享权威理念与我国中职历史教学改革中的翻转课堂、"小先生制"等强调学生主体地位的理念有深度逻辑契合。博物馆、社会实践等更具现场感的教学形式也与公众史学思路契合，引导学生通过口述史料和主体认知差异实例认识到历史学的复杂性，同时又体会到历史学探究的重要意义，是对历史解释素养培育的有效方式。湖南的南岳忠烈祠，供奉着200多名在抗日战争中阵亡的国民党将军灵牌。这与有些中职历史教学在讲述中国抗日战争时，相对轻视国民党所领导的正面战场的抗战的做法冲突。实际上，新部编版教材中外历史纲要（上）第八单元第23、24课强调全民族的浴血奋战，不仅将国民党领导的正面战场作为单独一目论述，而且还把蒋介石《对于卢沟桥事件之严正表示》的讲话写入教材。这从公众史学的角度，利于公众对历史与现实的全面、客观的认知。

其三，在理论上接受历史解释多元性的状态，力求传统史料实证原则与历史多元解释的协调性探究。美国历史学家娜塔莉·泽蒙·戴维斯在《档案中的虚构：16世纪法国的赦罪故事及故事的讲述者》中谈道，后现代主义对于历史解释不稳定性的批评的确指出了传统史学忽视叙事语言会造成历史的多重解释问题。她说："我认为我们可以赞同海登·怀特的简介，及世界不只是'以精心结构的故事的形式，具备中心主题，还有完整的缘起、发展和结局来展现自我、供人探查的'。……我想我们可以同意……呈现在作者和读者看来都真实、可信、有意义和可解释的一个陈述，需要对语言、细节和次序进行选择。"德国历史学家约恩·吕森也指出一种结合多重叙事与事实实证结合的思路："在它的批判功能方面，我认为后现代主义是有用的，甚至可以说是必要的。……所以有必要强调历史思维的认知过程和原则以反对后现代主义，同时也不能再把其他因素（艺术方面的、道德方面的、政治方面的）排除在考虑之外。"

这种思路代表了未来历史学发展的方向，也是我国中职历史教学历史解释素养培育最可借鉴的思路。一方面，在教学中不介意学生对历史解释的多元性产生怀疑，也不回避历史学研究不可能完全复原过去所有事实的学科局限。需要向学生阐明的是历史学作为一个学科，不是因为它可以解释一切和解释不容置疑才有意义，其价值正是在于它处在不断探索、澄明未知的过程中，才有其存在的价值。如此，有助于学生从对知识严肃性和历史解释不稳定性之间的冲突关系的困惑中摆脱出来，将理性质疑和真理追问的意识结合起来，产生积极的求知欲和辩证的真理观。同时，以此思路进行历史解释素养培育工作，也可以与其他素养培育有机结合起来。

国际史学理论前沿的深化影响着我国中职历史教学实践改革的思路。新的学术争议使中职教学实践遇到更复杂的局面，同时，史学家的应对性思考也为新型教学提供了借鉴思路。目前看来，中职历史教学的历史解释素养培育有必要借鉴公众史学的多元叙事的实践策略。更重要的是，明确历史实证原则和历史认知复杂性的辩证关系，引导学生形成用实证方法处理多元历史解释，并探寻历史真理的意识素养①。

第二节　历史解释核心素养下的课堂教学实践

一、历史解释核心素养下的课堂教学设计应遵循的原则

（一）实证原则

在历史解释的训练过程中，需要教师提供相应的史料分析资料作为分析基础。在分析中要根据"史论结合"的方法，立足于史料对历史事

---

①纪明明，周巩固. 论"历史解释"在历史学科核心素养中的重要性：以国际史学的前沿思考为视角[J]. 历史教学（上半月刊），2023（4）：67-72.

件发表客观批判性的评价，历史实证，实际上强调"真实性"，只有秉承"实证原则"才能为历史解释提供立足点，进行有效解释，否则没有基于事实的分析不具有任何价值。

1.克服主观臆断

史料作为教学基础，是必不可少的内容，但在历史解释中，需要学生从史料中寻找批判观点立足的资料内容，坚持实证原则，避免主观猜测臆断，影响历史解释的真实性。

2.避免断章取义

历史的发展是一个具有前后和内在联系的发展过程，出现当前的历史情形，往往与多种因素有关，并非偶然事件，即有因必有果，事物的发生发展都是有一定的联系。因此，应结合给出的史料，进行前后对比，寻找关联点，避免只看到某一个资料，就盲目作出判断进行片面的评价，这不仅是不尊重历史也是不科学不全面的历史解释。

（二）思辨原则

思辨是"历史解释"应遵从的原则，对历史事件作出解释和判断的主体是人，因为立场和认知水平等多种原因影响，解释具有局限性带有主观性，因此，对于史料应带着思辨思维进行判断，通过逻辑推理，判断史料是否符合常理，与人们的思想认知等多方面生活现状是否匹配，从而判断史料的真实性，从而对历史人物和事件等做出不偏不倚的评价和解释。史料是前人留给后人的历史，对史料进行精准解释，需要用更多的史料支撑，从而保证历史解释的客观和精准。随着岁月的运转和文化的融合，制度发生转变，只有对历史有细致的了解，才能保证判断的缜密性，增强史料思辨思维。

（三）感悟原则

感悟是一种深层认知，更是情感的升华，思想的来源不只是停留在对事物的表层认知上，而是对事物的发展变化有了情感共鸣，进行了深层次的精神交流。在中职学习历史时，往往会通过死记硬背的方式记忆，实际上这种做法是缺乏对历史的感悟能力，无法对历史事件作出"理性判断"和"感性对话"，历史核心素养仍需培养。感悟是对冰冷历史的感性认知，历史作为人类发展的过往，需要用在精神上有"穿梭时空"的认知，反观历史探求真实，从而了解历史人物的生平经历，进行客观评价。感悟具有主观性，需要用自己的历史见解提出不一样的看法，避免思维固化，体现学生个性化发展特征，从而为历史找到最合理最精确的解释。

二、历史解释核心素养下的课堂教学实践方法

（一）创设历史教学情境，深化理解历史知识

历史是时代发展的历程，同时处于持续发展中。但是由于人类对历史记录并不统一，因此，在历史史料具有散布存在的特点，零散和片段化的存在形式给学生历史学习带来一定困难，无法对历史形成连贯统一的认知，影响对历史全面了解。在众多碎片中寻求有价值的史料记载，探索历史真相，就需要学生具备追踪历史发展，整理分析史料的能力，从而对历史做出合理解释。在教学中为了降低学习难度，教师需要对教学形式进行创新，从而为学生创建适宜的历史教学情境，让学生通过感悟对历史素材进行辨别，利用思辨能力和循实证原则，为历史事件找到更多可靠依据，促进学生实践探究能力的发展，让学生可以深层理解历史特征，并获得直观的感受。教师力求历史素材的深刻性，需要对素材进行整合和梳理，通过时间轴和历史事件发生起因结果等进行合理推导，借助多媒体工具，跟随教学分析逐一列出关键点，把握其中的逻辑关系，透过事物表象推断其实质影响因素。经过课堂教学培养，学生练就了明察秋毫的观察力和深入解读分析能力，让真实历史浮出水面。

例如，在教学中，教师可以根据历史事件，为学生提供相关史料资料如图片、影视资料、纪录片等资料，为了增强史料的真实可感性，采用纪录片的形式更具有真实可靠的特征，让学生可以更客观地了解当时时代背景，方便学生根据当时实际情况作出判断，从而提升历史解释的精准性。又如在学习"近代西方的法律和教化"的过程当中为了让学生更好地体会当时资本主义国家的法律制度与我国法律的不同，可以带领学生采用角色表演的方式，体会判决现场人物组成和流程与我国的区别，了解不同文化带来的形式差异化。

（二）利用问题引导，促进历史探究任务的完成

在教学中采用创设情境的方式比较生动真实，但是长时间采用同一

种教学方式会让学生感到枯燥和乏味，为了改变这种现状，教师可以采用多种教学方式，对教学形式进行创新，增加教学的趣味性，激发学生的主动性，让学生能够通过教师引导学会分析历史问题，对历史中的内涵进行深层次挖掘，从而了解历史事件的内在动因和历史时代发展的特性，锻炼学生思维能力，让历史解释更具有思辨意味。学生自主学习探究应将历史教学重难点进行重新整合，对有效内容进行筛选和梳理，这一过程具有一定难度，因此教师还应进行指导和帮助，从而确保主题探究任务的内在关联性，让学生有计划有步骤地完成资料的整理，发现历史不同时期不同事件之间存在的相同之处，总结历史发展规律。在布置任务中，应关注任务的探究价值并融入一些趣味性元素，调动学生的情绪，例如，奇异、探险、悬疑类的主题色彩，往往对学生有着深深的吸引力，让学生在探究的过程中宛如开启了一场"探险之旅"，精神注意力集中在各种信息和资料的搜寻中，直至找到真实的结果。当然，在恰当的时刻，教师给予一定的指引还是有必要的，推动学生探究过程的继续。

　　例如，在学习"中国赋税制度的演变"的过程中，需要对社会生活有一定了解，从而更能理解这一事件对人民生活的影响，但是中职学生一路走来缺乏生活经验，社会阅历较少，给这节课的讲解带来一定困难。教师可以采用问题引导的方式，让学生以当事人的立场思考问题，从而明白赋税的变化引发的社会影响。如"假如你穿越到了秦汉时期，并成为一个普通农户，你认为你需要缴纳哪些赋税？如果你身处边远地区，属于少数民族，你又需要承担何种税赋？以此类推，生活在唐朝，或者宋元时期，又该如何缴税？……"在问题中，学生可以不同身份考虑问题，从而理解到身份地位在不同社会下，所要承担的税赋有着相同之处，都对人们的生活产生压力。对比当今的生活，人们的生活有明显改观，所要承担的赋税明显减少，在抽丝剥茧、剥洋葱式的引进下，学会抽象思维就可以掌握社会统治与税赋的变化关系，建立独立的认知，对社会发展有更深层次的理解，让模糊的知识和概念清晰化，由此及彼，对各个年代中相同问题有了相同的分析解决的方法，达到深化历史学习的目标。

（三）对比历史文化，全面获取有效信息

　　在学习历史知识中，对比方法最为常见，通过同一时代背景下的不同历史事件进行对比，找到两者之间的共性和关联性；还可以对不同年代、不同性质的历史事件对比，发现其中的相同之处。对比的方式可以从不同角度出发，发现历史事件引发的因果关系，然后可以更全面地获取信息，增强历史解释的说服力和精准度。在学生对比历史的过程中，教师进行指导，提升总结和知识迁移的能力。例如，在讲解"新民主主义革命"的过程中，其中有多个信息，以思维导图的方式，可以帮助学生整理信息，了解不同阶级之间的关系，从而了解事件发生发展的特点，了解到不同阶级在这场革命中所起到的作用，当学生制作完思维导图后，对其中的关系更为明确，在多种因素的合力下才推动了民主主义革命，让不同阶级团结起来，推动"改朝换代"的持续进行，才有了新的社会面貌，这是人们精神追求和自我觉醒的一种外在表现。经过挖掘和探索，让学生更了解历史事件，以同样的方式对其他单元进行梳理，获取举一反三的自主学习探究能力。

总而言之，在中职历史教学中，培养学生历史解释核心素养，需要了解历史学习的特点，通过学习和培养让学生具备批判思维，根据实证原则等，合理利用史料，梳理其中的有用且真实的信息探索历史真相，提升历史解释的精准性。在历史解释的学习过程中必然会遇到一些困难，学生经过思考和探究以生活实际为出发点，衡量历史事件的真实性，从而提升历史思辨能力，获取正确的价值观，这种求真务实的精神将影响学生人文素养提升，对学生掌握历史解释能力有促进作用。在教学中，教师应用多种教学方法，促进教学创新发展，让学生大胆猜想小心求证，提升历史核心素养整体水平，构建高效历史课堂[①]。

第三节　历史解释核心素养下的教学案例分析

一、案例一：近代民族国家和国际法

核心概念也称聚合概念，是一种能够促使思维达到整合水平，同时

①翁冬梅.基于历史解释的高中历史教学设计探讨[J].中文科技期刊数据库（全文版）教育科学，2023（4）：76-79.

顾及知识的迁移的概念。它本质上仍只是概念，需要满足以下标准：由一个或两个词组成的结构，具有概括性、抽象性、永恒性、普遍性和代表性。而我们平时所强调的历史大概念，更多的是强调"有用的概念、主题，有争议的结论或观点，反论、理论、基本假设，反复出现的问题，理解或原则"。两者之间有相似的地方，但不能等同。课堂教学要注重大概念，更应该重视落实核心概念教学，才能提升学生的核心素养。

中职以"近代民族国家和国际法"教学为例（以下称"本课"），借助历史核心概念展开教学，探讨基于核心概念教学来培育历史解释素养的路径。基于本课的教学要求，需要立足教材，通过史料分析、创设情境、问题导学、合作探究等方法掌握近代以来西方民族国家的形成，抓住它们形成和发展所在的特定时空背景和阶段特征，培养思辨思维，提高解读和归纳能力，认识到近代西方民族国家的形成是资本主义发展的产物。

（一）明确主题和核心概念,构建逻辑思维图

由于目前学生的历史知识掌握依然是零散状态，没有形成完整的知识结构体系，知识衔接上存在一定的问题，在开展中职历史教学时，为了让学生学会聚焦重点，理清逻辑，明确主题，可借助"单元导读"全面理解教材内容；借助"学习聚焦"掌握重点知识，充分感悟课堂所创设的情境教学的意蕴；借助"教材思考点"，启发多元思维；而"历史纵横"可用来拓展学生的知识面；课本中的地图则有助于培养时空观，构建逻辑思维图。

在具体教学时，教师应该在课前先结合新课标明确本单元和本课的重点内容、核心概念以及关键问题。通过多种不同的教学手段，突破重点难点知识、核心概念和必备问题；通过对学习专题的探讨和认知，让学生具备基本的历史解释能力。另外，教师还应该准确理解课文标题，每个专题的标题其实就是本专题的重点，强化对标题进行详尽解释所涉及的概念就是核心概念，而对标题进行解释的内容和方向也就成了关键问题。核心概念包括单元或者每一课的主干史实，是具有一定的理论内涵和价值取向的重要概念。对教材体系而言，它的综合性强，能有效推动历史整体教学的开展。而课程逻辑图对于理清这个教材的逻辑和核心概念有着至关重要的作用，两者相辅相成，共同推动教学的有效开展。

在教学准备过程中，中职教师通过整合教材"中外历史纲要（下）"，了解到本课侧重解释民族国家，通读教材内容，构建基本的课程逻辑图如下：

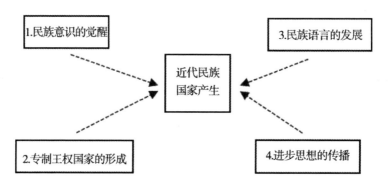

图4-1 课程逻辑图

如图4-1所示，将主题、核心概念与课程逻辑图相呼应，为下一步教学工作的开展做准备。

（二）充分利用课堂教学，诠释核心概念

1.基于逻辑思维图，延伸内涵，提炼核心概念

当学生已经基本理清教材逻辑后，具备了初步理解教材内容的能力，加深对教材的理解，提炼核心概念就成为下一步学习的重点。只有准确把握住了核心概念，并进行合理的解读，延伸知识的内涵，对历史知识的认识才能更深入。

在教学准备过程中，我们会发现学生容易产生一些困惑，比如"专制王权国家与近代民族国家的关系是怎样的"，以及"在《中外历史纲要（下）》的教学背景下，如何来理解近代民族国家的形成"等问题，这就需要准确把握核心概念并对其进行合理解读，理解民族国家的形成，从而培育历史解释核心素养。那么，教师在教学时该如何通过情境和相关材料推导出核心概念，并在此基础上开展历史教学和培育历史解释核心素养呢？以本课为例，在课堂教学中开展探究活动，通过对史料的解读和研习，明确民族国家的基本概念和特征。

材料：这场持续了30年之久的时断时续的战争，导致了国王与贵族之间政治实力的明显变化，推动了英国王权的进一步强化。在相互厮杀中，封建贵族势力遭到了空前打击……据史家统计，1450—1500年间，除了王室家族外的76个贵族世家覆灭，其中有12个直接被战争摧毁……

——王鸿斌《中世纪后期英国民族国家意识的萌发与民族语言的形成》

根据材料，开展课堂探究，理清民族国家形成的基本逻辑关系（见图4-2）：

权力分散 王权软弱 → 王权不同程度加强 → 专制王权国家 → 近代民族国家

图4-2 民族国家形成的基本逻辑关系图

结合新课标的解读，提炼出关于民族国家的基本核心概念图（见图4-3）：

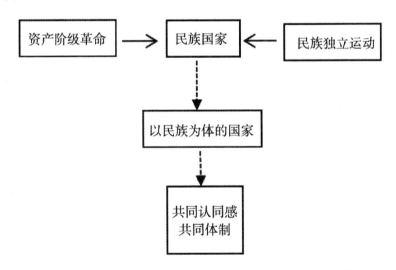

图4-3 民族国家的核心概念图

通过以上探究，可提炼出"民族国家"的核心概念。它强调近代以来通过资产阶级革命或民族独立运动建立起来的，以一个或几个民族为主体的国家，其成员效忠对象是有共同认同感的"同胞"及其共同形成的体制。依据图4-3，结合钱乘旦先生认为"从现代化角度上说，专制王权是民族国家的早期形式，是近代社会的起步点。……在这个阶段上，国家统一了，民族自立了，中世纪的混乱状况得以解除"的相关材料，可以借势推导出：民族国家是通过革命或者推翻殖民统治的民族独立运动，来推翻封建统治和获得主权上的独立，由王权专制国家逐步发展而来的。这样，一个完整的关于民族国家的核心概念的逻辑就基本形成了，在这个基础上就能进一步顺畅地开展下一步的历史课堂教学了。

在对教材的逻辑思维进行解读后，依据姜守明、黄光耀等的《英国通史》的表述，"民族国家，就是现代主权国家，既是相对于中世纪以地方分权主义为特征的封建王国而言，又是相对于基督教大世界体系下主权不完整或不充分的王朝国家而言"，认识到民族国家包含有民族一体性与国家主权这两个基本要素。张寅的《当代西方政治哲学视阈下的民族建构》认为"民族国家不是臆造的产物，而是为解决国家在其发展过程中面临的现实矛盾而创建的一种国家形态"。根据张寅的观点可以把民族国家定义归纳为建立起统一的中央集权制政府的、具有统一的民族阶级利益以及同质的国民文化的、由本国的统治阶级治理并在法律上代表全体国民的主权国家，基于此，进一步解读它的深层含义，从逻辑上深化了其基本内涵。故而在对"民族国家"概念的解析和内涵延伸的基础上有序开展教学工作。

2.基于核心概念，构建时空坐标体系

对中职学生而言，经过初中历史的学习，已具备基础的历史知识，但是对历史的时空观的直观感受比较欠缺，由于缺少时空概念，往往不能形成完整的史学认知，导致对核心概念的逻辑关系的理解不全面，不利于学生历史解释素养能力的提升。因此，充分利用核心概念中所涉及的时间和空间要素，构筑时空坐标体系，就更容易形成立体感受，学习更直观，更有利于开展深度学习。实际课堂教学过程中，教师可通过通读教材，围绕核心概念，将涉及核心历史事件的时间按不同的逻辑进行归类，指导学生设计直观的时空坐标体系。以本课为例，构建英国历史发展时空坐标体系（见图4-4）：

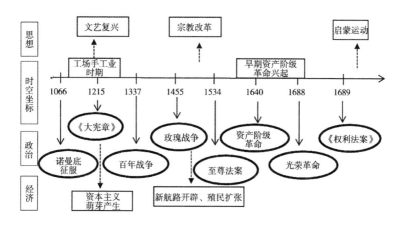

图4-4 英国历史发展时空坐标体系

通过时空坐标体系，让学生对英国的历史有一个较为详细的了解，然后将教材内容转化为教学内容。通过对教材内容进行合理整合，进行深度学习设计，加强历史解释核心素养的培育。师生通过合作学习，将教材知识进行结构化处理，提升学生对知识的理解、记忆和迁移能力，使教材内容变成更"有意义"的教学内容。引导学生学会将所学的知识条件化，了解知识的来龙去脉，让教材内容变得更有趣。通过把知识情境化，真正体会用教材内容中的知识点去解决现实世界中的问题，体现教学内容的实用性。

3.基于核心概念，研读史料，巧设逻辑问题

中职生普遍存在阅读能力不强，对史料的把握和解读不到位的问题，导致他们对史料的价值研究和运用存在一定的困难。提升史料解析的能力是培育历史解释素养的关键能力之一。在教学准备过程中，教师可以查阅图书馆资料、进行电子阅读、查阅文献书籍等，整理一些与核心概念相关的史料。在教学过程中，围绕核心概念，依托相关的史料、图片、文献等资料，从不同的视角，进行横向纵向拓展，准备更充分的材料，这样更容易让学生找出材料中的关键必备知识。利用材料巧设逻辑问题，使课堂知识拓展更有宽度，内涵挖掘更有深度，视野更有广度，以增强学生的史料实证意识，助推学生历史解释素养的提升。

本课教学以英国为例，借助材料引导学生思考：

11世纪，诺曼底公爵征服英国，建立了诺曼王朝。为了加强对地方的控制，王室设立法院，并派法官定期到各地进行了巡回审判。12世纪

前后，建立在习惯法基础上，全国普遍适用的法律在英国逐渐形成，这就是普通法。13世纪，英国通过大宪章，确立了法律至上和王权有限的原则。

——普通高中历史教科书选择性必修1《国家制度与社会治理》第50—51页

1356年，伦敦市长和市政府颁布了一个法令，允许在市政会议上可以使用英语；1362年，英国大臣们开始使用英语召开会议。

14世纪，在约翰·威克里夫的倡导下，英文版《圣经》出现了。威克里夫用通俗有力的英文为普通民众讲解教义……已在某种程度上启发着英国人的民族意识。

——王鸿斌《中世纪后期英国民族国家意识的萌发与民族语言的形成》

这是历史给予英格兰民族意识产生的机会。原本有姻亲关系的两国从此变成了宿敌，在国王爱德华三世的鼓动下，一系列爱国性的口号迅速在英格兰流传开来。另外，在国家领土方面，这场战争使英国失去了诺曼底、波尔多等在法国的领地，只剩下一个加莱。由此，英法间国家界限逐渐明朗化，国家主权也逐渐清晰。

——袁广雪、张士昌《论近代英国民族国家的成因》

结合观点"在玫瑰战争废墟的昏暗上空，已经出现了现代世界的第一丝曙光"，"从历史的角度看，两次战争都是英国的幸事。百年战争让英国退回到不列颠岛，从此它只能按民族和地域的原则行事了，从而为组建民族国家设置了方向。玫瑰战争消灭了封建领地军事贵族，而这些人正是组建民族国家的最大障碍。"设问如下：从英国革命后的社会现象来看，英国民族国家是如何形成的？从英国中世纪的发展历程来看，民族国家的形成需要在怎样的背景下形成？它的形成需要具备哪些基本的要素？是否可以从民族意识的培养、语言的发展、文字的形成等层面去思考？引导学生思考和分析，从而突出强调民族国家所需要具备的民族一体性和国家主权。而在西欧中世纪时期，基督教世界掩盖了民族的特性，封君封臣制又因地方相对独立性容易导致分裂割据，民族国家的形成之路较之而言比较复杂。纵观这一流程，从核心概念的提炼到时空坐标体系的构建和对史料的解析，层层加深理解，让学生在教与学的过程中，通过自主探究，理解"民族国家"这一核心概念及内涵，逐步提升自身的历史解释核心素养。

（三）拓展史料，强化核心概念，培育历史解释素养

在日常教学活动中，要落实核心素养的培育，需将直观而具体的基础知识，通过素养提升进行知识的迁移内化，使教材知识转变为教学内容。学生核心素养能力的提升，不能一味强化历史基础知识，而应改进教学方式，让学生在学习过程中独立表达自我见解，利用史料对历史现象加以解释分析，逐步让知识内化为核心素养。而历史核心概念的提炼以及探究型课堂教学，有助于培养学生的深度学习能力和理解能力，培养学生独立思考、合作探究的能力，促进程序性知识学习，提升学生的历史解释素养。

基于历史核心概念的中心地位，应在历史批判性思维的指引下，加强对学科知识的概念性理解，通过师生互动，提取核心概念，建构历史知识结构之间的立体逻辑，从而在大概念基础上引出引导性问题，设计灵活多变的教学模式，开展真实有效的探究任务。在课堂教学中，将概念性思维融合批判性思维、创造性思维，将相关图集和教学案例以及题目解读应用于教学实践，并通过应用前后的"教—学—评"一体化方式进行对比，强调对核心素养的解释，培养学生的知识迁移能力和历史解释能力。因此加强知识的素养内化的培育，将知识与素养两者有机结合，比较直观有效的手段是以任务促探究合作，注重学生理解性思维的训练，实现知识内化和迁移。

以本课为例，通过一系列教学活动，学生已基本掌握了民族国家的概念以及发展历程，目前所需要的是通过不同的史料丰富学生对"民族国家"这一核心概念的认识，加强这一核心概念的素养内化。以本课课外拓展的文献材料为例：

从16世纪开始，欧洲历史进入伟大的宗教改革时代。都铎王朝君主亨利八世（1509—1547年）、爱德华六世（1547—1553年）和伊丽莎白一世（1558—1603年）那么固执地推行反对教皇权控制的宗教改革运动，就是因为他们渴望摆脱罗马教廷的羁绊，使英格兰民族走上真正的独立道路。

——程杰晟、李利锋《民族意识的发展与英国民族国家的形成》

13世纪，以伦敦方言为基础的英语成为英国官方语言，并为英国人广泛使用。14世纪英国宗教改革先驱威克里夫把《圣经》翻译成英语，主张用本民族语言作礼拜，抵消拉丁语的影响。

——许志强《近代早期英国民族国家意识的产生与发展》

封建西欧……像英格兰、法兰西这些概念，基本上是一种地域概念……现代人脑子里的"民族"观念，在中世纪是很模糊的。同时，"国家"的概念也一样模糊……因此，人们说在中世纪西欧，只有领地，没有国家……事实上，如果说中世纪西欧有什么共同点，那就是它是个天主教大世界，天主教是所有人共同的身份认同。

——钱乘旦主编《世界现代化历程·总论卷》

通过解析上述不同层面的史料，结合前文所掌握的基础知识，让学生延伸"民族国家"这一核心概念的解释，更清晰地把握民族国家的形成与民族语言、民族意识以及社会经济之间的关联，从民族向心力、经济驱动力、思想传承力三个方面引导学生感知这一时期英国社会孕育着统一，借势推导理解"民族国家"所具备的本质特征，包含有"独立主权；由单一民族或多个民族构成；人民有共同的价值、历史、文化、语言或体制"。从而使课堂教学既有教学评一体化的"实"，又充满了近代英国历史发展的"美"，有助于提升学生知识迁移的能力。通过将教学内容进行综合整合，使教学主体更明确，内容更细化，加深理解不同史料的价值，在潜移默化中培育学生的历史解释核心素养。

综上，现行中职历史课堂教学过程中，追求教学手段多样化的现象屡见不鲜，但恰恰忽视了对核心概念的提炼、解读和理解。这种现象的出现，很多时候是基于对理解性课堂教学的认知误差，认为理解性课堂就是简单地阐述清楚教学知识点之间的基本逻辑或概念即可，而忽视了学科核心概念可以解释历史问题。也没有认识到理解性课堂教学的本质是通过多样化的教学手段和教学情境来培育学生的创造性思维和历史解释核心素养能力。

作为课堂教学，需要尝试从不同视角去理解历史的核心概念，认识到基于历史核心概念和历史解释相结合这一教学路径的推进，要反复循环进行，这也体现了学科素养培养的重复性。历史核心概念教学是师生之间进行深度有效教学探讨、落实历史解释核心素养的重要环节。随着以落实学科素养为核心的新课改不断深入，对历史核心概念的提炼和历史解释素养培育的重要性日趋明显①。

二、案例二：工业革命的影响

史料的选取与运用显得尤为重要。从近几年的教学实践和高考考查情况来看，历史数据是重要的史料类型之一。以下以"工业革命的影响"一课为例，提出中职历史教学中数据运用的基本策略，以期对培养学生的历史解释核心素养提供有益参考。

（一）精心选取数据，关注其真实性

数据的选择是"数据证史"的前提，数据的正确运用则有助于教学目标的实现。在选择数据的过程中，只有对数据史料进行准确甄别，才能有效把握其真实性和价值性，从而更好地服务于课堂教学。一般来说，甄别史料时要特别关注史料的来源。对于来源不明、缺少出处的史料要慎用，甚至弃之不用。教师应主动了解学术界研究的前沿动态，尽量选择相关领域权威专家的研究成果。

众所周知，工业革命是以英国为中心和发源地。教师可以选用英国史相关研究论著，挖掘其中的数据史料，帮助学生理解工业革命对生产力发展带来的重大影响。通过筛选和对比，选用以下数据史料：

纺织、煤炭、钢铁、机械是工业革命的代表性行业。1785—1850年间，英国棉纺织品产量由4000万码增加到20亿码……煤炭产量由1770年的600万吨增加到1850年的4950万吨……生铁产量在1788年不到7万吨，1847—1848年达到270万吨……19世纪中叶，英国的钢铁产量与棉布产量相当于世界其他国家产量的总和；煤炭产量则相当于世界其他国家产量总和的两倍。1860年，英国的人口仅占世界总人口的2%以及西欧总人口的10%，英国生产的工业品却占世界工业品的40%~50%，占西欧工业品的50%~60%。

——钱乘旦《世界现代化历程·总论卷》

通过引导学生观察材料中的数值变化，学生可以直观地看到18世纪末至19世纪中期英国棉纺织品、煤炭、生铁产量的迅速发展，感受英国工业水平在西欧乃至世界的领先地位。结合材料内容和所学知识，学生

---

① 刘三军. 基于历史核心概念培育学生历史解释核心素养策略探究：以《近代民族国家与国际法》为例[J]. 新课程评论，2023（5）：105-113.

可以得出这一时期英国生产力的迅速发展离不开工业革命的开展。因此，数据史料在中职历史教学中的合理运用可以帮助学生客观评价历史事件，分析历史现象之间的因果联系，加深对历史事件的认识和理解。

（二）科学呈现数据，凸显其直观性

教师在呈现图表数据时应注重直观性，要根据数据的主题和数量选择适切的图表类型。不同类型的图表适用于不同的数据统计，能形象地将数据可视化。例如，教师在分析"工业革命对社会阶级结构所产生的影响"时，可以选用教科书《中外历史纲要（下）》的插图《英国就业人口结构的变化》。

这幅插图属于图表数据，由两幅饼状图构成，体现了不同时期英国从事工业、农业、服务业的人口比重。通过图表数据的呈现，学生能清晰直观地看出工业革命后就业人口结构的变化。

其中，工业人口在总就业人口的比重由1841年的43%上升为1877年的55%，而农业和服务业人口比重均有所下降。通过分析数据，学生可以看出工业革命对就业人口结构所带来的影响，体会到这一时期工业资产阶级和工业无产阶级进一步壮大，并逐渐成为社会的两大阶级，从而理解工业革命后工业资产阶级争取自身政治权利的深层次原因。因此，教师可以根据教学目标选择适合的图表数据类型，引导学生分析数值变化的原因及产生的影响，从而全面理解重大历史事件。

（三）综合分析数据，彰显其有效性

在数据呈现后，教师应引导学生认真分析数据，获取有效信息。图表数据呈现方式多样，通常隐含着多组数据变化，这便要求学生掌握一定的解题方法，从而能够在短时间内获取并解读信息，进而能从复杂的数据史料中找到有价值的内容。

表4-1 英国国民总收入变化表与英国工人实际工资变化表

英国国民总收入变化表			
年份	约1770	约1790—1793	约1830—1835
数额（百万英镑）	140	175	360
英国工人实际工资变化表 （即按实际购买力计算的工资，1851年为100）			
年份	1755	1797	1835
指数	42.74	42.48	78.69

从实际情况来看，高考真题以其自身的科学性和严谨性常用于课堂教学和随堂作业之中。教师可以通过选择典型的高考数据题，引导学生透过数据变化看到其反映出的历史现象，从而全面认识历史事件。表4-1是典型的图表式数据史料，由2017年高考新课标全国卷Ⅰ第10题改编而来。这则材料是以列表方式呈现，具体包括两组统计图表，涉及三个时期，呈现多组数据。结合两组图表的标题，学生可以明确材料主题是工业革命期间"英国国民总收入"和"英国工人实际工资"的比较。从第一组数据变化的情况来看，英国国民总收入在不断增长，体现出英国在工业革命后生产力迅速发展。在综合对比两组数据之后，学生能直观看出工人实际收入与国民总收入增长情况不匹配，反映出工业革命后英国社会贫富差距进一步拉大。因此，数据史料特别适用于经济史部分的教学。教师可以通过呈现数据，引导学生发现问题，从而更加全面地认识历史事件，加强历史解释素养的培养。

总之，基于数据史料进行教学，既能提升课堂教学的质量和效率，又能培养学生的证据意识和逻辑思维能力，从而推动历史学科核心素养的落地。作为新时代的历史教师，要树立终身学习理念，不断提高学科素养，积极探索教学策略，灵活选用多种史料，促进学生全面发展①。

三、案例三：北宋的政治

在历史教学中，"认知冲突"和"历史解释"是一对互相促进的概念，两者互为因果。在教学实践中，教师的"教"和学生的"学"要围绕"认知冲突"不断制造矛盾和解释矛盾的过程，并在这一过程中培养和强化学生的历史解释素养。为此，以下将"北宋的政治"一课为例，通过情境创设、经验激活和冲突设置等方法，对认知冲突的构建和历史解释素养的培养做初步探究，以期对历史教学实践提供借鉴意义。

（一）激活既有经验，制造认知冲突

"问题意识"是提升学生历史解释能力的前提和基础。在历史教学过程中，教师要引导学生在阅读文本和史料的过程中培养"提出问题"的意识，充分激活学生既有历史知识经验，在新旧知识的结合上制造"冲

---

① 郭静雯.历史数据与历史解释素养培养策略[J].中学历史教学参考,2023(15):70-72.

突点"，暴露其知识架构中的"隐性矛盾"，从而激发他们自主探究和历史解释的欲望，这也与中职阶段的学情互相吻合。中职阶段的学生具有浓厚的好奇心和求知欲，喜欢钻研新鲜的问题，已经开始具备自主学习和探究的基本能力，可以将生活经验与课堂进行结合，教师可以抓住这一特点，进行课堂构建。

例如，在"北宋的政治"教学过程中，教师要引导学生通过自主阅读文本和相关史料提出自己的质疑之处，激活已有知识经验对新知识的认知，再结合文本主题开展探究释疑，提升历史课堂教学的质量和水平。

材料一：在两宋统治的三百年中，我国经济、文化的发展，居于世界最前列，是最为先进、最为文明的国家。

——漆侠《宋代经济史》

材料二：华夏民族之文化，历数千载之演进，造极于赵宋之世。

——陈寅恪《邓广铭〈宋史职官志考证〉序》

根据"问题意识"和"提出问题"的意识要求，学生通过史料可能会提出如下问题。

生：北宋的经济果真如此吗，因为经济发达意味着军队实力的强大，然而为什么会被北方的金所击败，又怎么会发生靖康之耻呢？

师：这个同学的逻辑非常清晰，从宋朝发达的经济出发，进而推理至军事力量的强大。的确，宋朝的经济确实很发达，军队数量也很庞大，在当时的世界也处于领先地位。但在对金的战争中，却没有发挥出其强大的军事优势，反而处于内外交困的旋涡中。但是，宋朝的统治为何还能维持300多年呢？对此，同学们可以从宋朝的军事制度方面进行分析，并结合文本资料和相关史料总结其中的原因。

教学简析：抛出史料是激发学生探究欲望的关键环节，在学生质疑的基础上，教师适时总结归纳，通过一步步剖析再抛出新问题，并指出解决问题的主要途径和方法。这是激发学生历史解释的第一步，既激活了学生的探究欲，也明确了解决问题的方向。因此，在制造"认知冲突"和"解释认知矛盾点"的过程中，教师要引导学生带着冲突搜集史料，并在史料挖掘、整理和辨析中深入分析，要"透过现象看本质"，揭示历史现象背后的因果逻辑，从而接近历史真相，强化历史解释能力。

（二）立足因果思辨，直面解释冲突

提出问题是第一步，直面"认知冲突"，解决问题才是重点。如上文所述，通过展示历史资料，学生在既有经验的基础上对史料质疑，激发好奇心和探究意识。对此，教师的作用在于引导学生开展史料搜集和史料实证，在分析探究中找出问题原因。首先，判断史料本身是否真实；其次，判断史料之间是否存在矛盾；最后，分析原因，阐明观点。值得注意的是，由于学生之间认知基础不同，观点也会存在分歧。因此，教师要引导学生各抒己见，在思维碰撞中解构并重组认知结构。例如，在教师引导下，学生对北宋经济和军事政策的相关史料进行搜集，材料如下：

材料三：在军事政策上，"枢密院掌管兵籍和虎符，三衙掌管各军，帅臣主兵柄，各有分守"，无论是对外讨伐还是对内平叛，都由皇帝调派部队，统兵官不能长期掌握兵权。

——陈振《宋史》

材料四：在北宋历史上，枢密院作为最重要的中央机构而始终存在。在枢密院存在的167年中……枢密院正职共72人，其中文职出身者54人、武职出身者18人。

——陈峰《北宋枢密院长贰出身变化与以文驭武方针》

材料五：唯独宋朝，二度倾覆，皆缘外患。

——李晓《宋朝百姓的"出路"与"活路"》

根据史料对比和分析，引导学生总结北宋军事政策特点，引导学生继续探究。

生：尽管北宋军队数量庞大，兵权却由文官掌握，武职出身的将领无用武之地，导致军队战斗能力低下。这种历史问题的形成与宋代最初的政策和历史发展的局限相关，宋太祖"杯酒释兵权"之后，渐渐形成了"重文抑武"的风气。

师：是的，"杯酒释兵权"正是对北宋军事政策的真实写照。那么北宋为什么要采取"重文抑武"的政策，与"陈桥兵变"和唐朝的"藩镇割据"是否有关系？此外，为何北宋的统治能够维持300余年呢？

教学简析：围绕史料，引导学生通过自主探究剖析史料，从而解决问题。问题的解决即探究的开始，教师通过问题抛引继续引导学生深挖

材料,分析军事政策存在和政权持续的深层原因。在此过程中,教师可以继续补充相关史料,并鼓励学生提出多元化、个性化的观点。随着史料的完整,学生的分析也会趋于全面和客观,认知逐渐趋于统一。

(三)实施多元评判,制造认知冲突

经过思辨环节,学生对问题成因会形成自己的判断。对此,教师要引导学生围绕问题开展多元化评判,并提出个性化观点。值得强调的是,观点要有史料佐证,避免情绪化和感性化。同时,引导学生对各自观点开展小组内和小组间的评判,从而在观点碰撞中形成新的启迪和感悟。

例如,围绕"宋朝政权为何能保持长久"的问题,学生的观点各异;"尽管军事能力不高,但是宋朝统治者对内管理有方,集中精力发展国内经济和文化,所以才能保证王朝繁荣并持续300余年"。对此,教师要强调,"观点可以新颖,但一定要有史料佐证",从而引导学生寻找史料,佐证和支撑自己的观点,"以理服人,以史服人"。例如,有的学生展示史料,并阐述了北宋采取以上军事政策的根本原因。

材料六:此非他故,方镇太重,君弱臣强而已。今所以治之,亦无他奇巧,惟稍夺其权,制其钱谷,收其精兵,则天下自安矣。

——李焘《续资治通鉴长编》

针对"军事政策"问题,学生之间展开观点争论。例如,有的学生认为"以上史料是宋朝的政治观而非军事观,即如果藩镇割据势力形成,会极大弱化中央权力,从而影响社会稳定。因此,宋朝采取中央集权制,由皇帝一人掌握政权,天下就会相对安定"。若有其他学生认可此观点,则补充"之所以重文抑武,应该也是出于社会安定的考虑"。若有学生质疑此观点,则会从军事角度提出"正是因为赵匡胤领导的陈桥兵变,导致皇帝对掌握兵权的将领有所顾忌,以免重蹈前朝的覆辙。所以才会'重文抑武'从经济和文化角度发展国家"。通过观点博弈,不仅提高了学生利用史料进行历史解释的能力,同时对历史问题有了更为全面和客观的认识。

教学简析:在"认知冲突"下,学生针对矛盾点展开的博弈要注意几个原则。首先,观点要围绕史料提出,且要判断史料的真伪;其次,教师要引导学生对不同观点开展价值评判,从而有所启迪,有所领悟;最后,要引导学生对史料作出判断提出个性化观点,从而重新构建自我认知结构，锻炼并提高历史解释能力。

关于历史教学，"认知冲突"和"历史解释"的概念是相辅相成的。基于历史综合素养的基本要求，为提高学生历史解释能力，教师要在教学模式上主动制造"认知冲突"，并围绕矛盾点开展史料分析和史料实证，引导学生在自主思考和合作探究的基础上形成正确的历史观和思辨观。同时，教师要基于"认知冲突"适时以问题引导学生自主搜索史料，并在史料佐证的基础上发表观点，最终提高历史解释素养①。

四、案例四：中国古代的法治与教化

（一）教什么：聚焦核心概念

在深度学习中，教师的主导作用不可或缺，因此，教师首先须根据课标、教材，结合学情，作出决策：教什么？关于"中国古代的法治与教化"一课，课标在"内容要求"中规定："知道中国先秦时期成文法的产生过程，以及这一时期思想家对于德治、法治关系的讨论；知道自西汉起历代王朝法律、礼教并用的统治手段。"而在"教学提示"部分，课标则提出："在本模块的教学过程中，教师要从培养和发展学生历史学科核心素养的角度出发，注重引导学生在时空框架下认识历史；通过对相关材料的研判，使学生形成对所学内容的理解，正确解释历史上政治文明的演进。"显然，依据课标，本课教学在知识层面，应重在勾勒中国古代法治与教化演进的脉络，而非历朝历代法治与教化的具体表现；同时，应着眼于培养学生的历史学科核心素养，"从知识本位转变为素养本位，努力将学生对知识的学习过程转化为发展核心素养的过程"。对面临"一旧三新"考验的学生而言，较之单纯掌握中国古代的法治与教化史，通过学习这段历史，涵养历史解释素养，达成学业质量水平3、4层级的学习目标，后者显然更有意义。当然，要实现这一点，教师还须结合教材作出决策：让学生具体学什么？纵观本课教材，不仅囊括中国古代11朝20项法律文献，同时涉及十几个法律概念。一节课，若既要学习体量庞大的知识，还要开展高参与性的任务驱动型深度学习，时间捉襟见肘。怎么办？聚焦核心概念，实现删繁就简的做法值得尝试。何谓核心概念？说法不一。奥地利精神分析家费德恩认为，核心概念居于某个知识领域

---

①孙青松.认知冲突视域下的历史解释素养培育：以"北宋的政治"一课为例[J].中学历史教学参考，2023(18)：78-80.

的中心，具有持久性和广阔的解释空间，是学生在忘记具体知识内容后仍然能继续使用的知识。对此，中职深以为然。所谓"核心概念"，即指本课中居于中心地位并起统领作用的概念。如何聚焦本课核心概念？可采取以下两个步骤。

首先，详变略渐，确立核心概念。本课教材围绕法治与教化，叙述了中国古代法律的演进历程，涉及法律、法治、教化、德治、成文法、律、令、格、式、例、律令儒家化、乡约等十多个概念。依据课标要求、单元标题、单课标题及各子目，不难看出，儒家主张的教化与法家主张的法治二元并立，在本课具有突出地位。所谓教化，即通过道德礼义教育感化民众，其核心在"礼"；所谓法治，即按照法律治理民众，其核心在"法"。通过研读教材，不难发现，法治与教化并非两条独立发展的平行线——先秦时期，礼、法相争，彼此冲突；自西汉起，历代王朝礼、法并用，法律儒家化出现，并呈现不断加强的发展趋势。何谓法律儒家化？中国法律社会史专家瞿同祖认为：法律儒家化表面上为明刑弼教，骨子里则为以礼入法，是怎样将礼的精神和内容融入法家所拟定的法律里的问题。由于儒家思想以伦常为中心，主张贵贱、尊卑、长幼、亲疏有别，所以制定有差别性的行为规范，即所谓"礼"；法家则讲一赏一刑，反对有别，认为亲亲爱私则乱，所以制定同一性的行为规范，即所谓"法"。因而，所谓法律儒家化，也就是怎样使同一性的法律成为有差别性的法律的问题。鉴于"自瞿同祖提出后，法律儒家化以其精练、形象对中国法律史学的研究产生很大影响，迅速成为中国法律史学的核心命题之一"；同时，由于"儒家化是中国法律发展史上一个极为重要的过程，中国古代法律因此而产生了重大、深远的变化。自法律儒家化的过程完成以后……中国古代法律便无重大的、本质上的变化"，根据司马迁的详变略渐原则，最终选择将法律儒家化确立为本课的核心概念。抓住这一核心概念，即可大致勾勒出本课的脉络：先秦时期，礼、法相争，彼此冲突，法律儒家化尚未出现；自西汉起，历代王朝礼、法并用，法律儒家化出现，并呈现始自汉代，兴于魏晋，成于隋唐，宋元明清时期不断强化的发展脉络。

其次，管窥见豹，透视核心概念。鉴于"真实、具体、富有价值的问题解决情境是学生学科核心素养形成和发展的重要载体，也为学生学科核心素养提供了真实的表现机会"；新课程背景下的高考也以"新情境下的问题解决为重心"，强调"学生能否应对和解决陌生的、复杂的、开放性的真实问题情境，是检验其核心素养水平的重要方面"；另外，社会现实与法律条文之间，往往存在一定差距，研究法律不仅要研究法律的条文，还应注意法律的实效，相互印证，方能对法律条文有更真切的了解。因此，本课在聚焦核心概念法律儒家化，实现化繁为简的基础上，创设问题情境，引领学生透视北齐史学家魏收在《魏书·刑罚志》中记载的一桩案件——神龟年间（519年左右），北魏兰陵长公主怀孕期间因遭遇驸马刘辉的不忠与家暴，导致腹中胎儿流产，并最终因伤逝世。案发之后，刘辉畏罪潜逃，与其有染的两位民女张容妃、陈慧猛及其兄长张智寿、陈庆和被捕入狱。

该案之所以能以小见大，折射法律儒家化，主要有两点原因：一则，该案发生的时期北魏，是中国古代法律儒家化演进的关键节点。瞿同祖认为，尽管法律儒家化汉代已开其端，但儒家有系统之修改法律却是自曹魏始，而北魏尤其是一大关键。北魏入主中原后，因文化落后，部落社会与中原社会组织不同，不得不以汉法统治汉族，治理中原。同时因本族治理人才缺乏且不谙中原情形，不得不倚重中原人才而重视士族，因此参与立法工作的重要人员皆为中原士族。魏律初期由经学造诣极深、尝授太宗经书的崔浩，博通经史天文术数、尤好《春秋公羊》的高允等人拟定，本已具儒家化特征，后又经经学大师刘芳等人损益修订，儒家化程度更为彻底，故北魏的法律儒家化彻底而有系统，非局部的、小规模的。因此可以说中国法律之儒家化经魏、晋、南北朝已大体完成，不待隋、唐始然。对此，近代中国法律史学家程树德亦指出，"然则唐宋以来相沿之律，皆属北系，而寻流溯源，又当以元魏之律为北系诸律之嚆矢"。二则，该案一波三折的审理过程，正是北魏法律儒家化的反映。如前所述，该案案情并不复杂，然审理过程却颇为曲折。先是负责审理此案的门下省主张：刘辉殴打公主、堕杀胎儿，属谋反大逆，应判处死刑；张容妃、陈慧猛耽惑刘辉，也应判处死刑；张智寿、陈庆和知情却不防范，应判处流刑。对此，摄政灵太后基本核准，只将两位民女死罪改为髡鞭付宫。但随后，尚书省三公郎中崔纂却以儒家父系家族伦理（如后文中材料2）为标准，对5名案犯的判决提出了三点抗辩：其一，公主已嫁刘辉，其首要家族认同即为刘家，而非皇室，公主流产之胎儿，首先是刘辉之子，其次才是皇室成员，故刘辉所犯是堕杀亲子罪而非谋反大逆罪，应判处徒刑而非死刑；其二，两名民女的罪行按照当时惯例至多处以徒刑，髡鞭付宫量刑过重；其三，两名民女均已婚，据当时已有的法律共识"已醮之妇，从夫家之刑"，其罪行不应连坐兄长，且法律允许"期亲相隐"，兄弟属于期亲，知情不报，可以谅解。此外，尚书省右仆射游肇亦奏言：门下省负责出纳，核罪结案，本非其事。言下之意，门下省无权审理此案。然而最终，本案由灵太后一锤定音——尚书省所有抗辩驳回，崔纂免职，游肇停薪。通过上述审断，不难看出，门下省作为北魏皇帝的秘书机构，其判决从皇室利益出发，代表北魏摄政灵太后的意志；而尚书省作为北魏正牌司法机构，其抗辩是从父系家族伦理出发，代表北魏汉族或汉化官僚集团的意志，双方的博弈，一波三折的审理过程，恰如其分地折射出北魏法律儒家化的种种面相。

（二）怎么学：践行"做中学"

明确了"教什么"，教师还须进一步决策"怎么学"——让学生怎么学才能使本课主旨更好地达成？基于深度学习的核心特征在于"活动与体验"，强调"学习活动的设计必须让学生有解决实际问题的经历和体悟"。本课设计了两项学习任务：任务1断狱量刑，要求学生根据材料1~5，结合所学，从北魏尚书省立场出发，以父系家族伦理为标准，对刘辉、两名民女及其兄长展开断狱量刑；任务2史料评析，参考2020年高考历史山东卷第18题史料评析的样式，要求学生综合运用材料1~8并结合所学，说明公主之死一案对研究北魏法律儒家化的史料价值。鉴于"概念只有通过应用才能被完全理解"，任务1意在让学生通过运用"父系家族伦理"断狱量刑，"亲身经历"这一案件的审理，形成与尚书省思想的共振，从而深化对法律儒家化这一核心概念的理解。同时，限于课堂时长，本课在具体实施中，将班级学生分成3组，分别对刘辉（据材料1、2、3）、民女（据材料1、2、4）、民女兄长（据材料1、2、5）进行断狱量刑。鉴于"对历史的理解是进行历史解释的关键"，任务1的设置并非可有可无，而是对任务2的必要铺垫。同时，涵养历史解释素养，不仅需要历史理解的达成，还需培养学生的史料实证素养，尤其是实证思维，即能够"根据论据得出论点"；而影响历史解释的一个关键变量在于"方法论上的视角"，即"看问题的角度"，任务2意在通过引领学生围绕公主一案，展开多元视角的史料评析，透视北魏法律儒家化，涵养历史解释素养；而后，以此为基础，结合中国古代法律儒家化的演进历程表（见表4-2），最终实现管窥见豹——透过公主一案，理解中国古代法律儒家化的发展脉络。以下结合课堂中出示的材料，具体说明任务实施过程。

材料1：

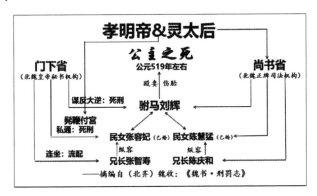

图4-5　兰陵公主之死关系图

材料2：传统中国的父系家族伦理，可以透过服丧时穿着麻衣的质量和服丧时间的长短，来表现生人和死者的亲疏尊卑关系。例如，一个男子，父亲过世，应服"斩衰三年"之丧（"斩衰"是最差的麻衣，三年是最长的丧期）；母亲过世，只能服"齐衰一年"之丧（"齐衰"是第二差的麻衣，一年是第二长的丧期），除非此时父亲已经亡故，方能服"齐衰三年"之丧，因为父亲才是家中最尊贵的人。一个女子，出嫁前为亲人服丧，和男子一致，一旦嫁为人妇，对生父只能服"齐衰一年"之丧，其"斩衰三年"之丧，则要留给丈夫。公元3世纪中叶，西晋武帝在新颁行的法律中明白表示，为彰显礼教大防，以后审案裁判，都要以父系家族伦理为准。这套伦理精神和审判基础，也纳入了6世纪北魏朝廷的律令之中。

——摘编自李贞德《公主之死：你所不知道的中国法律史》

材料3：案《斗律》："祖父母、父母忿怒，以兵刃杀子孙者，五岁刑，殴杀者四岁刑；若心有爱憎而故杀者，各加一等。"

——魏收《魏书》卷111《刑罚志·七》

材料4：据《魏书》记载，到灵太后摄政时期，鲜卑人对通奸的处分已逐渐减轻。例如，广阳王元深和城阳王元徽的妃子于氏通奸被告发，经皇族宗室讨论，元深被削除王位，遣送离京，于氏则似乎逃过了法律的制裁。总之，在魏晋南北朝，通奸虽被视为破坏家庭伦理和婚姻稳定，但不论男女，都没有因通奸而判死刑的记录，也未见妇女通奸会受到比男性更严厉的处罚。

——摘编自李贞德《公主之死：你所不知道的中国法律史》

材料5：《礼》云妇人不二夫，犹曰不二天。若私门失度，罪在于夫，衅非兄弟。……何曾净之，谓："在室之女，从父母之刑；已醮之妇，从夫家之刑。"斯乃不刊之令轨，古今之通议。《律》，"期亲相隐"之谓凡罪。

——魏收《魏书》卷111《刑罚志·七》

材料6：

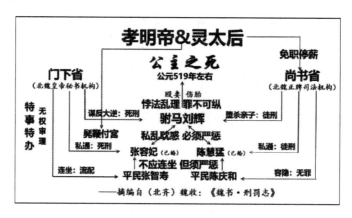

图4-6 兰陵公主之死关系图

材料7：《魏书》记载了4世纪末至6世纪中叶的北魏王朝兴亡史，是现存叙述北魏历史的最原始和比较完备的资料。《魏书》作者魏收（505—572），字伯起，巨鹿人，北齐著名文人，北魏末年曾参加《国史》和起居注的编写，东魏、北齐时期，除起草诏令外，修史长期是其专职。

——摘编自《魏书·出版说明》

材料8：自汉代魏歆之后，巨鹿魏氏相继涌现出众多贤臣名人，其中最为突出的当属魏收和魏徵。这与巨鹿魏氏传统的门风有着密不可分的联系。家风主要表现为经学传家、世代践行儒家伦理等几个方面。

——刘乔风、宋爱忠《中古巨鹿魏氏家风门风》

公主一案，原载于《魏书》，原文为多达千余字的文言文，不出示全文，意在减少学生阅读障碍；又兼涉及人物众多，审理过程复杂，故本课凡涉及案情之处，皆变"文献史料"为"图示材料"，以化繁为简，实现情境"可视化"，为学生完成两项学习任务提供必要抓手。具体做法如下，上课伊始，教师便将公主一案的人物关系及部分案情告知学生，并通过课件呈现图4-5，提炼门下省的主张，省略尚书省的断案过程，辅助学生完成任务1，模拟尚书省对本案作出审断。开展任务2时，则通过课件呈现图4-6。图4-6体现尚书省的量刑裁断及实际判决，也是对学生任务1的成果的梳理，学生能在史料评析的过程中纵览本案全局，并随时调用案情。

同时，鉴于深度学习的任务往往富有一定挑战性，教师应根据学情，为学生提供相关必要的学习支架。以本课为例，为助力学生完成课中的学习任务，课前，中职通过学案向学生提供了法律儒家化的概念、中国古代法律儒家化的演进历程（见表4-2），并帮助学生重新激活关于史料的分类、史料的价值判断、史料评析题的解题步骤等程序性知识。但是，即便事先做了诸多铺垫，由于任务2的复杂性，课上学生的回答依然发散，破绽百出。因而需要教师顺势启发，适时统整。任务2的意义也正在于此，发散性的答案开启学生历史解释的多元视角；破绽迭出恰恰激发出学生间的碰撞交流。以下为经过教师整理的课上史料评析情况。（其中，所谓"信息"，指学生根据教师引导，从材料中提取出的关键信息；所谓"史料评析"，指对所提取信息作出的历史解释）史料评析的角度由教师课前提供的史料评析脚手架（学案）及本课核心概念——法律儒家化展开。

第一，史料评析应从史料性质的角度切入。依据严昌洪教授的观点，史料由于性质不同，其价值也有高低，为了分辨史料价值的高低，必须把史料按性质分类。

角度1：是否为一手史料。信息：本课对公主一案案情的呈现，并未采用史料原文，而是根据《魏书》改造转化的思维导图；《魏书》是现存叙述北魏历史的最原始和比较完备的资料；公主一案发生于519年左右，而记载该案的《魏书》作者魏收生于505年。史料评析：本课呈现的公主一案案情，是基于《魏书》改造转化的思维导图，应谨慎比对，

- 115 -

可能存在错漏；对研究北魏法律儒家化而言，《魏书》虽并非一手史料，但仍是主要史料，具有很高的史料价值。

角度2：是否为有意史料。信息：公主一案出自史学家魏收撰写的史书《魏书》。史料评析：史学家撰写史书，难免有意以之左右时人和后人的视听，因而公主一案应属有意史料，其中不可避免包含作者的动机、立场、观点，甚至政治偏见、阶级偏见等主观因素，应谨慎辨别。

第二，史料评析应围绕"研究对象"展开。就本课而言，"研究对象"即"北魏法律儒家化"。

角度1：从北魏法律儒家化的表现看。信息1：尚书省三公郎中崔纂基于父系家族伦理中父权至上、男尊女卑、父尊子卑、家族认同等思想，提出的抗辩。信息2：崔纂提出两名民女已婚，其罪行不应连坐兄长，对此灵太后表示认同。史料评析：崔纂敢于对门下省与灵太后的判决提出抗辩，不仅可以折射出以崔纂为代表的汉族或汉化儒臣将父系家族伦理应用于北魏司法判决的努力，也说明法律儒家化在北魏司法实践中是有一定基础的。这一点根据灵太后对"罪行不应连坐兄长"的法律见解表示认同，也能得到证实，因而可以反映北魏法律的儒家化。

角度2：从北魏法律儒家化的局限看。信息：尽管灵太后对"罪行不应连坐兄长"表示认同，但最终，尚书省基于父系家族伦理提出的抗辩被全部驳回，并受到免职、罚薪的处分。史料评析：上述信息说明，尽管3世纪中叶，西晋武帝已在法律中明白表示，审案裁判要以父系家族伦理为准；6世纪，这套伦理精神和审判基础，亦已被纳入北魏朝廷的律令之中，但当危及皇室利益时，北魏皇权对待父系家族伦理，具有高度的选择性，可见，北魏法律儒家化，仍具有一定局限性；亦可见，社会现实与法律条文之间，存在一定落差。

角度3：从北魏法律儒家化的背景看。信息1：代表皇权的灵太后，罔顾此时父系家族伦理已被纳入北魏朝廷的律令之中，强势主导该案的最终判决。信息2：门下省——北魏皇帝的秘书机构，能堂而皇之代表皇权审理此案；尚书省——北魏正牌的司法机构，尽管在本案中竭力抗辩，最终却以失败告终。史料评析：上述信息折射出此时汉族或汉化官僚集团仍然缺少足够的力量来推行其所主张的父系家族伦理，个中原因，或许是由于彼时一心要为公主复仇的灵太后，不仅大权在握，且北魏妇女的社会地位远高于汉族妇女；亦或许是由于隋唐时期方得以完善发展的三省六部制，此时尚处于发展中。

综上，通过围绕公主一案展开多元视角的史料评析，透视北魏法律儒家化，即可实现涵养学生的历史解释素养，进一步加深其对法律儒家化这一核心概念的理解。在此基础上，本课结合表4-2，引领学生全景勾勒中国古代法律儒家化的演进历程，并将北魏法律儒家化置于这一历史长河的"兴起"阶段，从而最终实现本课主旨——透视中国古代法律儒家化的发展脉络。

表4-2 中国古代法律儒家化的演进历程

阶段	法律儒家化的表现
始于汉代	汉武帝后儒家思想成为主流思想，儒家知识分子以儒家经典注释法律
兴于魏晋	魏明帝设置律博士，专用儒家思想来解释律令；此后，法律以亲属之间的尊卑亲疏作为量刑重要原则之一
成于隋唐	从内容看，唐律是礼法结合的典范，唐律对儒家伦理中的"孝"特别重视，要求维护"孝"的伦理的相关律文有数十条之多 从传承看，《唐律疏议》继承了汉魏以来法律制定和阐释的经验，是中国现存最早、最为完整的封建法典，是中华法系确立的标志。此后，宋元明清的法律基本沿袭唐律，例如，《宋刑统》条目与《唐律疏议》基本相同，宋《天圣令》以唐《开元二十五年令》为蓝本；元朝在司法实践中广泛援引唐律；明以唐律为蓝本制定《大明律》；清沿袭《大明律》制定《大清律例》
宋元明清不断强化	宋朝以后，儒学士人投身基层教化，以乡约教化乡里。明后期，宣讲乡约常引用《大明律》，百姓不守乡约要受到处罚；清朝宣讲乡约也常引用《大清律例》，乡约与法律合流
注解	①德治（礼）：儒家因主张贵贱、尊卑、长幼、亲疏有别而制定的差别性的行为规范。②法治（法）：法家因主张一赏一刑，反对有别而制定的同一性的行为规范。③法律儒家化：将礼的精神不断注入法中，使同一性法律成为差别性法律的过程

（三）怎么评：力求"持续性"

明确了"教什么"与"怎么学"，教师还须关注"怎么评"，即如何通过评价衡量、反馈学生的目标达成情况。基于深度学习"主张采取持续性评价，即依据深度学习目标，确定清晰的评价标准，为学生的深度学习活动持续提供清晰的反馈，帮助学生改进学习"，并视之为"教师教学、学生学习不可缺少的环节"；同时，也鉴于"评价是基于证据的推理和判断——这里的证据就是关乎学生学科核心素养是否有提高、提高了多少的依据，包括学习过程、学习结果、学习态度、学习行为等方面"，本课着力从以下三方面展开持续性评价。

第一，课前，通过历史学案开展评价。学生可在自主学习的基础上，结合学案中提供的关于德治（礼）、法治（法）、法律儒家化的概念选择完成以下两项预习作业：一是据课本第一目，思考回答，先秦时期，何以会出现德治（礼）、法治（法）之争？德治、法治各自有何积极意义？何以先秦时期法治大行其道，德治无人问津？二是结合课本第二、三目，完成中国古代法律儒家化的演进历程表。第一项作业，旨在通过学生的自主学习，落实本课课标的内容要求，与课中内容关联不大，学有余力，且有兴趣的同学可选做。第二项作业，旨在勾勒中国古代法律儒家化的发展脉络，与课中内容关系密切，为必做题，当学生能独立完成这一表格的填写，根据课标对历史解释素养的水平划分，即可推断其历史解释素养水平已达至学业质量水平2层级。

第二，课中，围绕学习任务开展评价。在任务1中，若学生能据各组指定材料，从北魏尚书省的立场出发，运用父系家族伦理，对公主一案的案犯进行审断，并能说出理由，即可据此推断，其对法律儒家化的概念有了更深层的理解；且历史解释水平已达至学业质量水平2层级。任务2中，若学生能从3个以上角度说出本案对研究北魏法律儒家化的史料价值，或能从两个以上角度进行评析并能对课中同侪的史料评析进行有理有据的补充或评价，即可推断其历史解释水平已达至学业质量水平3层级。若学生在达成任务2的基础上，能依托中国古代法律儒家化的演进历程表，正确勾勒出中国古代法律儒家化的发展脉络，即可视为达成了课标在"教学提示"中提出的要求——"正确解释历史上政治文明的演进"。另外，基于本课任务1与任务2皆属于开放性的学习任务，课中，教师既要放手让学生充分地阅读、思考、讨论；同时，亦应跟随学生的节奏，通过师生对话、生生对话，适时启发，适当补充，适度引领，推进持续性评价。譬如，任务2中，当学生谈及《魏书》是研究本案的有意史料时，教师即可抓住机会，宕出一笔，展开追问——史学家撰写史书，大多有意以之左右时人和后人的视听，"所有历史叙述在本质上都是对历史的解释，即便是对基本事实的陈述也包含了陈述者的主观认识"，由此来看，史学家魏收在《魏书·刑罚志》中，通论北魏150年来的法律发展，其中八分之一笔墨用于详细记述公主一案始末，你认为其立场是倾向于灵太后还是尚书省？为什么？其详细记述公主一案始末的目的又是什么？由此展开师生对话、生生对话，引领学生体会魏收通过撰史推动法律儒家化的用心良苦。

第三，课后，通过历史作业开展评价。鉴于持续性评价倡导"采用更加多元的评价方式"，同时也鉴于课堂表现的机会毕竟有限，本课历史作业包含以下两项内容。一是要求学生据公主一案，提炼一个观点，并结合所学，加以论述。比之史料评析题的事先预设"研究对象"，只能围绕北魏法律儒家化展开，历史论述题的开放自由度更大。学生不仅可从北魏法律儒家化的角度出发，还可从北魏时期汉文化与鲜卑文化间的冲突，北魏鲜卑妇女与汉族妇女的地位比较，中国古代法律儒家化演进历程及其对当今中国法律的影响等视角展开。教师可利用课间或晚自习时间，对作业进行一对一面批，亦可组织学生进行互评。当学生能通过本课学习，独立完成这道历史论述题，且能做到观点明确，逻辑自洽，论从史出，史论结合，即可从中推断其历史解释水平已达至学业质量水平4层级。二是要求学生通过学业质量水平评价量表（略），对其在本课学习中呈现的历史解释水平进行自评。"持续性评价更多的是形成性评价，要贯穿学习的始终，随着教学进程的推进，通过评价唤起学生的元认知，让学生始终记得学习的目标是什么，并自主监控学习的目标是否达成，主动反思和调控学习的进程，使学习不断深入"，尽管学生的评价未必精准，但评价本身即是对历史解释的一种理解与运用，对涵养其历史解释素养无疑是有益的，正如杜芳教授所言，"我们要让学生能够参与评价的全过程，评价不是仅仅要得到一个结果，更应在评价过程当中促进学生对学习的进一步理解"。

综上所述，基于深度学习是一项融教、学、评于一体的系统工程，以为在中职历史教学中，教——聚焦核心概念，学——践行"做中学"，评——力求"持续性"，是为涵养历史解释素养的可行路径，值得同人们继续探索、践行。当然，教无定法，贵在得法，等闲识得东风面，万紫千红总是春。同时，鉴于契合深度学习的典型素材并非俯拾即是，涵养历史解释，要下日日不断之功，如何基于"深度学习"，通过深耕教材，涵养历史解释，仍须探索，未来可期①。

①陈仲.基于深度学习涵养历史解释素养的策略：以"中国古代的法治与教化"一课为例[J].历史教学（上半月），2023（3）：12-20.

第五章　基于史料实证核心素养的历史课堂教学设计

第一节　史料实证核心素养概述

一、史料实证

《中等职业学校历史课程标准（2020年版）》中对学科核心素养之"史料实证"的表述是：

"史料实证是指对获取的史料进行辨析，并运用可信的史料努力重现历史真实的态度与方法。

"历史过程是不可逆的，认识历史主要依靠现存的史料。要形成对历史正确、客观的认识，必须重视史料的搜集、整理和辨析，去伪存真。"

课程目标对"史料实证"落实要求的表述是：

"知道史料是通向历史认识的桥梁；了解史料的多种类型；能够尝试搜集、整理、运用可信的史料作为历史论述的证据；能够以实证精神对待现实问题。"[①]

二、史料实证核心素养

（一）史料实证核心素养的概念

史料是学生学习、理解历史的根据，也是学生"重现"历史证据，发现历史真相的基础。按照内容来划分，可以将其分为以文字、图片形式出现，如史书、档案、地方志、族谱、日记、笔记、报纸、杂志、文学作品等方式呈现的文献史料；以文物、古迹、碑刻、遗迹、绘画等形式呈现的实物史料；人们以口口相传的史事、访谈记录、民谣等口述的

---

①中华人民共和国教育部.中等职业学校历史课程标准:2020年版[M].北京:高等教育出版社,2020.

史料。史料按照价值可以分为原始的、当时的第一手的史料；间接的、被后人修改、删去、改写的第二手的史料。

史料是一个相对笼统的概念，按照真实程度判断，它分为可信史料和非可信史料。毫无疑问，史料的可信度是非常关键的，它将直接影响学生对某个历史人物或历史事件的基本认知。可信史料的形成，往往需要学生收集、整理、分析资料，明确史料的是非之处，并以此证实、还原历史。详细过程体现在以下几个方面：①历史材料的来源、出处十分宽泛，但并非所有史料都是可信的，很多史料往往掺杂了个人观点而忽略了客观记载，其价值意义不大，所以要求学生能从多种渠道对史料进行搜集整理、分门别类，突出史料的真实性、功能性；②不同史料之间具有明显的互斥性、独特性以及差异性，每种史料的内容、观点、态度、情感等都不尽相同，它要求学生通读史料、整理史料并科学使用，方可保证史料对应个人的论述，起到依据作用；③史料本身就是对史实进行赘述的内容，所以不同层次的史料还具有一定的关联性、相通性，学生要抓住二者之间千丝万缕的联系，学会运用多种史料对史实进行求证；④史料的外延部分或隐藏信息，通常是获取真相的关键，比如与史料相关的人物背景、社会环境、事件起源以及史料撰写人的思想等，要求学生加以重视。

通过上述得知，史料实证实质上就是一个对历史信息进行去伪存真的学习活动，通过生成可信资料、还原历史信息、得出史料真相、收获真实理解，学生要借此养成科学有序的学习习惯，树立良好的历史观、学习观、价值观，这不仅仅是历史学科对学生的基本要求，更是国家和社会对人才培养的殷切盼望。

所谓"史料实证"素养，就是对所获得的史料加以甄别，并以可靠的史料为依据，尽可能地还原历史真相。历史的发展是不可逆转的，只有从现有的文献中去了解历史，所以要正确地、客观地认识历史，就应注意搜集、整理、鉴别史料，以求"去其伪""取其精"，从而达到"辨别真伪、取其精华"的目的，引导学生能够以史料为依据，从史料中分析有效的信息，渗透证据的意识，能够对历史事件形成正确、科学的解释，并运用实证观念去客观地评价历史问题。

（二）史料实证核心素养的内涵

对上述课程标准中"史料实证"进行认真解读，可以将其划分为三部分：概念界定、内涵阐释和目标培养。概念界定，即"史料实证"是一种史料辨析、重现历史真实的态度和方法。内涵阐释，即只有通过对现存史料的整理和辨析，才能形成对历史正确和客观现实的认识，这是历史学的重要方法。目标培养，即让学生知道史料是认识历史的桥梁；史料具有多种类型，需要掌握对史料的搜集、辨析方法，进而从史料中提取有效信息，作为证据，并据此提出自己的历史认识；能够以实证精神对待历史与现实的问题。"目标"告诉我们，培养学生"史料实证"的素养就是让学生明白史料的地位，获取史料的方法，利用史料提出历史认识，同时还是一种实证精神的培养。

具体理解"史料实证"，可以从"史料"和"实证"两个词入手。"史料"是能够记录或反映过去发生、存在过的事情的文字记载或物品，这些文字记载或物品都可以作为认识历史的途径，可以作为了解、认识历史的资料。"实证"则是研究历史问题的基本方法之一，即主要凭借历代遗留下来的各种相关史料间接地进行相关问题的探讨、认知。在实证过程中，还要注意孤证不立、论从史出、史论结合，探究历史现象背后的原因等。对史料的运用，既是探究历史的重要方法，也是理解历史和解释历史能力的重要表现①。

（三）史料实证核心素养的原则

历史具有唯物性、客观性，即不以人的主体意愿为转移，即便如此，海量的史料内容、宽泛的来源渠道，也难以保证每个史料都是真实且有价值的，所以作为历史的研究者、学生，应该坚定"查实情、讲真话"的探究态度，全方位地整理资料、甄别资料，让真实的历史再现于众。

史料实证要求学生注重以下几点原则：①以史为论的原则，史料就是证据，而证据则是论述的前提，严厉杜绝为达到求证目的，对史料进行肆意挪用甚至篡改截取；②所谓"独木难成林"，某个历史事件需要多种史料共同求证，而史料之间又具有明显的关联性，因此要坚持实现不同史料的对接、整合，打造一个严丝合缝的证据体系，切忌随意运用单个史料强行求证；③坚持思路清醒、独立思考，避免人云亦云、随波逐流，因为史料的记载者也是自然人，他们同样有着自己的观点和看法，

①成文生.史料实证素养培养中存在的问题[J].中学历史教学参考,2023(18):52-54.

因此史料的客观性、真实性，往往会随着观点的转变而转变，如果能透过现象看本质，弄懂记载者为什么会如此记述，并联系时代背景、社会现象等进行综合分析，往往会起到事半功倍的效果；④既要有宽广的胸襟和格局，还要注重对细节部分的挖掘，不放过任何一个可信的环节。

（四）史料实证核心素养的要求

包括以下三个层面：

一是史料的类型和价值判断。史料的分类有不同的维度：从史料的保存形态看，有实物史料、文献史料、口述史料、图像史料等；从史料的原始程度看，有一手史料、二手史料等；从史料产生的角度看，还可以分为有意史料和无意史料等。判断史料的真伪和价值，关键是围绕研究的主题，结合史料作者的身份、立场、意图等对史料进行辨析。

二是史料的搜集、解读和论证。搜集史料的途径和方法是历史研究的门径，对中职学生而言，在开展自主探究和项目学习时尤其重要。史料解读和论证是史料实证素养中的主体内容，其中心是提取有效信息，对所学习、研究的历史问题进行论证。

三是实证意识和实证精神。这是史料实证素养中的深层次要求，要求学生通过史料的搜集、分类、价值判断、解读和运用，形成严谨的思辨意识和思维品质，养成"论从史出""史由证来""无证不信"、实事求是的史证意识，培养科学态度和科学精神[①]。

第二节　史料实证在历史课堂中的体现

史料实证是指对获取的史料进行辨析并运用可信的史料努力重现历史真实的态度与方法。史料实证素养的培养对于中职学生和中职历史课程教学而言都具有重要意义，但是由于长期以来中职历史课程处于边缘化地位，存在课程教学开展的种种局限，尤其是教师和学生这对教学的主体对史料实证素养培养的意识较弱，更使这一核心素养培养困难重重，因此必须从师资队伍建设、课程教学方式、课程考核形式等多方面进行

---

①徐金超. 高中历史学科史料实证素养的考查[J]. 浙江考试,2023(5):13-16.

创新，才能够提升中职学生的史料实证素养培养工作成效。

一、史料实证在历史课堂中的作用

在中职阶段，学生的思维持续发散，求异思维、独创思维十分活跃，在此阶段，利用好史料在历史学习中培养学生的历史史料实证意识，并在其他核心素养的达成方面起到桥梁的作用。通过史料实证素养，可以激发学生的创造性思维，培养学生独立探索、发现问题、解决问题的能力。史料实证既是一种探索历史真相的态度，也是一种有效的历史知识学习方法，教师要特别注重对学生"史料实证"能力的培养，从而使学生能够更好地掌握历史知识。将"史料实证"应用于历史教学，引导学生辨别"史料"的种类，鉴别"史料"的价值，掌握"史料实证"的方法与原则，并将史料实证融入日常的课堂教学中，引导学生注重对史料的搜集与整理，对史料进行辨析，对史料进行准确解读，在讲授知识要点和习题的时候，要渗透史料实证的意识，培养学生搜集和利用史料分析历史问题的能力，这样，"史料实证"素养就会扎根到学生的思维方式之中，增强学生的学习能力，提高学生的历史学习效果[①]。

（一）是实现中职历史课程核心素养培养和教学目标的必要途径

课标明确提出要培养中职学生具备唯物史观、时空观念、史料实证、历史解释和家国情怀五大核心素养，并由此实现立德树人。在诸素养中，直接指向史料的辨析和运用能力的"史料实证"素养是达成其他素养的必要途径。拥有辨析史料真伪、精糟的能力并且能够掌握运用史料再现历史本源，才能真正形成科学的唯物主义历史观，才能科学地认知历史的时、空、人、事，才能科学地判断与解释历史的真相，才能在古今、中外的对比中产生浓厚而真切的热爱家乡、热爱祖国的情怀。中职生史料实证素养的培养有利于帮助其借助史料再现历史情境能力的提升，这也是中职生认识历史真相、复原历史真相、解读历史真相的关键能力。不仅如此，史料证实素养的提升还有利于学生学习能力，以史料为载体，强化师生之间、生生之间关于历史的讨论与交流，并在交流沟通中提升自主探究、自我学习能力。

---

①张建. 基于史料实证的高中历史教学策略[J]. 知识文库，2023，39(16)：36-39.

（二）有利于学生以辩证思维看待问题

步入中职阶段，学生的价值理念逐渐趋于稳定，但受各种外界因素影响，对事物的认知往往会存在偏执、激进的一面，加上个性使然，看待问题不全面、不严谨、不客观，会导致学生丧失理性思维，甚至会影响性格发展。辩证思维是以更全面、更通透、更精确的探究态度进行信息梳理。久而久之，学生在看待历史问题时，会放眼大局、综合考量，以批判性精神探索事物的原本面貌，即拨开云雾见真意。而史料实证是通过对史料进行搜集、分析、求证、总结的一个过程，它要求学生的思维运作长期介于肯定与否定二者之间，所以史料实证素养的培育，契合中职学生的行为特点，是逻辑思维成长的关键所在。在史料实证的教学中，教师要经过备课、引导、提问、辨析等一系列环节开展课程，而教师所扮演的角色以及教学当中的举动，被学生尽收眼底，通过模仿教师的教学行为，力求逐渐转变成自己的学习策略。可见，史料实证教学起到了非常重要的榜样作用，它要求学生重视独立思考、辩证看待他人观点，对未经多方证实的史料不可轻易下结论，对历史事件的求证要经由多个史料证据共同完成。有了这种认知，历史教学原本的局限性被打破，学生不再满足于片面的历史论述，更加追求探索事物的客观信息和完整结构，有助于学生建立完善的历史学习观。

（三）有利于学生增强学习兴趣

史料实证是每一个历史学生都应该掌握的实践类技能，它在指导学生研究文献、查阅资料、挖掘信息、史料求证等方面有着杰出的贡献。中职学生思想日益成熟，价值取向趋于稳定，但学习层面的思维能力仍然具有上升空间。史料实证素养则是针对思维开发的一种培育策略，当学生意识到合理运用史料的具体规则、基本方法后，以往看似难以琢磨的历史概念变得清晰易懂，在不知不觉中就会对历史学科产生浓厚的兴趣，对任何亟待解决的历史问题，通过搜集史料、辨析内容、全面论证的方法就可得到想要的答案。

可见，从被动的学习转向主动的探究，学生的自主意识被有效开发。除此之外，由于史料实证的学习法开拓了学生的思路和视野，学生也不再满足于书本知识和课堂教学，将充分利用课余时间查阅文献、检索资料、生成论据。久而久之，史料就成为学生步入高等学习领域的重要助力，历史学科的价值、功能被无限放大，引领学生以客观理性的角度认知历史、认知世界。

（四）有利于学生的全面发展

在历史教育领域，史料实证是培养学生学科素养的重要内容，在掌握这种能力后，学生的学习潜力和隐性素质得以激活，逐渐形成了以唯物主义为核心思想观点，能够运用所学知识对史料进行合理阐述；能够对历史的时间概念、空间概念进行全面解释，为历史学习再添助力的同时，标志着学生逐渐走向综合发展的道路。另外，史料实证虽然专属于历史领域，但其中蕴含的批判性精神、辩证思维、独立思考等也可作用于其他学科，学科的差异性和素养的互补性，帮助学生从根本上掌握学习规律，对推动全面发展意义重大①。

（五）是培养学生具有自主研究和精益求精的工匠精神的途径

历史教学的目的并非仅仅让学生记住历史知识，应该更注重培养学生独立思考、探究历史的思维能力。中职历史课程进行史料实证素养的培养，有利于学生基于课程所学，在教师指导下关注课程历史结论的史料来源，并有利于帮助他们打造自主学习的优秀学习品质。历史史料浩瀚如烟，史料实证素养的培养也可以让中职学生养成锲而不舍的研究精神，从而使这些未来的职业者形成臻于实践、精益求精的工匠精神。中职生在历史学科学习中，为更好地理解、掌握历史知识，进而运用历史核心素养分析问题，那么其对史料的运用必不可少，只有学生对史料"精挑细选"，并深入思考与分析，才能更好地理解历史知识，这个过程不仅仅涉及历史知识，而且对学生的"精益求精"亦有要求与锻炼，这说明培养中职生史料实证素养有助于提升其良好的职业精神与素养，并不断增强历史使命感与现实责任感，进而顺利实现学科德育目标。

二、史料实证在历史课堂中的现状

（一）中职历史教师缺乏史料实证素养培养意识

随着历史课程被定为中职必修文化基础课程，教师缺口较大的问题凸显，当前许多教师由其他文化基础课程和专业理论课程教师转岗而来，

①夏微念. 高中历史教学中史料实证素养的培育研究[J]. 当代家庭教育，2023(7)：140-142.

基本沿用基础教育的历史课程教学模式，以向学生传授课本知识为主。历史专业理论水平的不足，导致许多教师缺乏重视史料研究的学科素养，更缺乏引导学生通过史料分析研究历史问题的能力、意识和意愿。首先，历史教师的教学理念中并未意识到学生史料实证素养培养的重要性，导致其在教学中也未重视史料实证教育与过程性知识引导；其次，教师在史料实证教学方面的经验不足，使其在课堂教学中不能灵活掌握史料实证教学；最后，由于史料实证教学意识的缺失，也使得历史教师在教学设计中并没有精心打磨教学方案，很少从教材中深挖史料实证教学素材，使得历史课堂上的史料实证教学"成分"不足。

（二）史料在教学中的应用程式化

随着新课程改革，教师也越来越重视学生"史料实证"素养的培养，并在教学活动中主动地引入史料资源，让学生经历史料的观察、分析和辩证的过程，帮助学生通过史料获得历史结论。然而，在实际的史料应用与预期目标之间仍存在一定差距，教师常常针对教材中某一个历史现象或是观点搜集或展示与之对应的史料，以史料的形式呈现教材中的知识点，让学生依据不同的史料获得教材相应的知识点，这种高度对应的史料应用方式只注重历史结论，而并没有关注学生的学习方法，本质还是传统的知识结论传授方式，引入的史料是为了帮助学生更好地记忆教材知识点，并不具有太多的发散性思考意义，这种程式化的教学本质还是教材知识点的机械记忆，不能够起到培养学生史料实证素养的作用。

（三）以论代史，缺乏质疑的精神

在历史教学运用史料的过程中，还常常存在"以论代史"的现象，很多教师对于史料实证的认识不够明确，认为史料就是为教材知识服务的，将教材中的历史观点作为依据，并从教材中的历史结论出发，去寻找相关的史料佐证教材中的观点。究其原因，主要是教师对于"史"和"论"并没有清晰的认识，将教材中的历史结论作为绝对权威，不容置疑，这样就忽略了史料分析、辨别和推理的过程，不能够体现出历史观点要通过真实的史料和科学的证据来证明的过程，这种通过教材观点搜集史料，然后以史料佐证教材观点的做法，不符合通过史料推出历史观点，得出历史结论的证据性作用，导致学生对于史实、材料和观点的概念模糊不清，没有体现出历史学科运用史料推理探究的特点。

（四）忽视史料真伪的辨别

史料是通过历史活动而产生的痕迹，对于还原历史真相，验证历史结论具有重要的作用，也是学生掌握历史学习方法、形成历史探究能力的纽带，有利于学生核心素养的培养。史料实证的关键就是能够辨别史料的真伪，只有在真实史料的基础上才能够得出令人信服、真实的历史结论。然而，教师在教学中常常忽视史料真伪的辨别，直接将网上、影视剧中的素材作为史料应用，这样的史料没有经过辨别和验证，难免会使用一些不真实的史料。例如，以《偷袭珍珠港》的影视片段作为史料进行研究，将《三国演义》中的片段当作史料来论证历史结论，等等。这样，教师照搬网上的素材作为史料，并没有验证这些史料的出处、年份等信息，即使应用了错误的史料，教师也不能够察觉，从而造成学生对于史料应用的错误观念，达不到预期的教学目标。

（五）缺乏史料证据的意识

历史是过去发生的事情，所有的真相都体现在具体的史料中，要还原历史真相，客观地论述历史现象，就需要去寻找史料，通过史料上的信息来论证历史观点。然而，大部分教师的史料证据意识不强，往往是通过展示史料的方法代替史料论证的过程，认为史料的作用就是加深学生对于教材中历史知识的印象，激发学生的兴趣，因而在课堂上展示大量的史料，而忽略引导学生去分析史料、论证史料的证据意识，不利于启发学生的思维。同时，史料证据并不是简单的论证，而是要多种方法、多种史料互相印证，这样才能够去伪存真，实现史料的作用，但是，在历史教学中，史料"孤证"的现象依然存在，这就造成运用史料得出的结论存在一定偏差，甚至是错误的，既损害了史料在历史教学中的价值，使得史料与结论不能相互印证，也忽略了史料的证据价值，造成史料与结论之间的逻辑和因果比较牵强，导致学生片面或是错误的历史观念。

（六）中职学生史料实证素养基础薄弱且提升意愿不足

大部分中职学生在初中阶段将历史学科视为副科，主观上学习动能不足，历史知识掌握情况不容乐观。薄弱的学科基础知识、对中职历史学科依然是副科的定位和本身存在的学习意志匮乏的学情，都束缚着他们主动去获取书本以外的历史史料的求知欲望，也使得他们难以提升自我学习、利用史料分析历史现象的能力。与学生交谈中也发现，仅有少数对历史感兴趣的学生，在日常的历史学习中会主动、自主地搜集史料，并运用史料来分析历史事件。也有些学生是出于对影视剧集的喜爱，并在此推动下去搜寻一些史料来验证影视剧中的情节，而多数学生并没有主动搜集史料学习的习惯。虽然学生在史料实证学习方面缺乏积极性与主动性，但从学生为了解自己感兴趣的历史知识而主动搜集史料的行为中也可以看出，中职生存在较好的历史学习潜力，而缺乏的是科学合理的教学方法。比如，历史教师通过广泛了解学生的学习习惯与兴趣爱好，就可以利用其兴趣爱好作为历史学习的切入点，鼓励和引导学生开展史料实证学习。

三、史料实证素养培养中存在问题的思考

中职历史学科核心素养一经提出，人们就开始在不同场合解读和谈论其重要性及有效落实的策略。无论是学科论文评比，还是专业期刊论文发表，都是"基于核心素养"在某方面的研究，可谓是近年学科研究的热门话题。目前，"史料实证"方面的研究文章虽然也有不少，但大多都在关注"史料实证"素养的重要性，如何培养学生的"史料实证"素养教学案例，如"引导学生自主搜集历史材料""从高考真题中分析获取""重视历史教科书的作用"等等，而对于当前中职历史教学中落实"史料实证"方面存在的问题剖析和研究的文章却相对少见。

"史料实证"在课堂教学实践中，因为教师个人素质的差异导致在史料的选择方面、实证的方法上均存在不少问题，这在平常的听课中就能看得出来。表面上不是特别大的问题，但关乎"史料实证"素养和历史实证意识的培养问题，需要引起我们的高度重视。笔者结合日常观察和自我教学实践，对课堂教学中"史料实证"素养培养中存在的问题也有了不少的思考。

(一)史料来源问题

部分教师教学中引用文献史料只是将材料从网上或某段文字中直接摘出来，或者转述别人引用且有可能被改编的材料，导致的结果就是材料的出处不严谨，或者没有明确材料的出处，甚至直接说明来自网络。

还有一些教师引用的材料本来已经被前面的引用者编辑处理过了，材料有可能已经被篡改。也有教师在引用文言文材料的时候，出于避免材料太难而学生可能无法理解的原因，干脆直接引用了翻译文，而出处却依然显示为古代文献。这些做法完全违背了"史料实证"中要求"必须重视史料的搜集、整理和辨析，去伪存真"和"能够通过对史料的辨析和对史料作者意图的认知，判断史料的真伪和价值"。不能有效获取真正有价值的史料，就无法提取有效信息，也就无法提供有效的证据。这就要求教师在教学中引用史料必须按照规范、做好辨析、提取有效信息，这样才能为后面的科学实证打下坚实的基础。

（二）史料引用过于片段，断章取义

部分教师在引用材料时，出于证明自己观点的需要，只引用只言片语。这往往会导致两个问题：一是引用只言片语会造成断章取义的结果，甚至引文的意思可能与作者原意完全相反；二是在文言文材料的引用中更会出现因为没有上下文字可以推敲，导致对材料意思的理解和翻译更为困难，这样就失去了用"史料"去"实证"的价值，违背了史料实证的原则。这种现象在一些粗制滥造的所谓"模拟试卷""研究试卷"的材料选择题中屡见不鲜。作者在著书立说时都会考虑到文字、内容前后的逻辑关系，再加上中华文化博大精深，同样一句话放在不同的语境中会表达出不同甚至相反的意思。这就要求我们引用史料时，对史料的产生背景、前后意思的逻辑关系有整体的把握，否则仅凭别人引用过，或者自己觉得某句符合"实证"的需要而过于片段引用，不利于"史料实证"素养的培养。

（三）史料过度解读问题

史料过度解读意味着教师在引导学生分析材料时，对材料中的信息做出泛化的解读，没有严格执行史料实证的一般原则。具体体现在，某一材料中反映出某时间、某一区域的经济现象，泛化的解读则是将这则材料所能反映的面扩展到更大范围的时间和区域中去，进而导致得出的结论无法站住脚。以历史选考材料选择题为例，很多都在考查大家"史料实证"的严谨性，问题一般设置为"这说明""这体现了""由此说明""由此可知"等等，要求学生仅凭借提供材料的内容得出历史认识，而不是去结合所学进行推理概括。如果用泛化解读材料的方法去操作，结果可想而知。这是历史教学中存在的一种普遍现象，使得教学与中职历史学科核心素养"史料实证"之间出现对立，教学要求与考试之间产生矛盾，实际上就是缺乏史料实证意识和"以实证精神对待历史与现实问题"。

（四）史料过度补充问题

在一些关于中国古代史部分的课堂教学中，特别是公开课、展示课、优质课之类有教师听课的课堂，开课教师为了展示基本功和"史料实证"技能，往往会在分析背景材料的部分大做文章，将材料的新颖、新奇作为目标之一，让学生在课堂上分析材料，通过"史料实证"的方法得出相应的背景知识。但是，"史料实证"又是一个系统的工程，从史料的选择，学生实证素养的培养等方面都要做大量的工作，如果过度补充史料往往会造成两种情况：一是喧宾夺主，花大量时间用于解决背景知识的导出问题，阻碍了课堂教学重难点的突破；二是"放电影"式的匆匆掠过，像是给材料"刷存在感"。结果是花了大量的精力和时间，只为点缀一下课堂，而无益于课堂教学效果的提升，使得"史料实证"流于形式，甚至显得累赘。这种现象在当前教学中还是比较普遍的，与以前课堂教学中幻灯片过于冗长烦琐有相似之处。事实上，教师即使需要补充一些史料，也应该精选史料，做到以选择严谨、科学有效、对课堂教学有益且不冲击课堂教学整体环节等为前提。

（五）教材史料使用不足问题

引用材料时，如果一味追求新颖、新奇，就可能出现一种材料引用"兔子不吃窝边草"的怪象，使得教材中呈现的有效史料被冷落，无人问津。既然引用史料时需要严谨，需要有辨析能力，作为一线教师不建议抛开教材引经据典，使得本来有限的备课时间和课堂教学时间捉襟见肘，更不符合当前统编教材知识点大容量、大串联的现实和通史教学的要求。教师应该花更多的精力去研究教材的知识框架和课程标准要求，以便明确课堂教学中重难点的安排和处理。在此情况下，教师在教学中应该首先考虑充分整合和应用教材中的史料，毕竟教材是专业、权威机构的专家和学者共同编写的，经过严格的审查，是比较严谨和可信的，应当作为课堂教学中的首选史料来源。统编教材中几乎每节课都有针对性地安排了"学习聚焦""史料阅读""历史纵横""学思之窗""问题探究""学习拓展""思考点"、文献史料图片、地图等等，穿插在教材正文中间或旁白处，基本上可以满足课堂教学中的史料需求。只要我们对这些材料认真整合和充分利用，一定可以对教材知识点的讲解和"史料实证"素养的培养起到很好的效果。既然如此，那又何必要舍近求远，去做事倍功半的事情呢？

总之，笔者认为当前历史教学中"史料实证"方面较为缺乏的环节就是对史料的有效引用、有效辨析，以及科学、充分利用教材现有的相关史料形成对历史知识正确客观的认识，这也是历史教学中方法和能力培养的短板之一。这些"史料实证"培养过程中存在的问题恰恰是未能有效辨析材料，对材料的有效信息没有客观认识，进而导致对相关历史得出的认识不具客观性。只要我们科学领会"史料实证"的内涵和目标，做到史料选用严谨高效，"实证"方法科学正确，就可以在日常的教学中循序渐进、潜移默化地渗透"史料实证"的素养，助力学生历史学科核心素养的提升[①]。

四、史料实证在历史课堂中的"实"与"证"

在百度百科和百度汉语中，"实"的解释有很多，大致有"富裕、真实、实际、事实、种子、实践、实行、核实"等；"证"即"证明、证据、凭证、症状、验证"等。由此可知，史料实证，就是要教会学生如何分析、核实史料的真伪，能用可信的史料去考究及验证相应的观点或提出自己的观点，做到史由证来，证史一致，论从史出，史论结合，最后争取能达到以史为鉴、用历史智慧解决现实问题的层次；同时，还要在这个过程中培养学生务实求真、严谨治学的态度，给学生种下"种子"——分析问题和解决问题的逻辑思维方法。所以，个人认为在历史史料实证的教学中，要抓住"实"和"证"这两点，"实"即核实，是核实史料的分类、价值、真伪、作者的意图及记叙史实的角度等；"证"即论证，即要明白论从史出的方法、了解孤证不立的原则、增强去伪存真的意识、建立批评质疑的精神等。简而言之，"实"就是"态度"，"证"

---

①成文生.史料实证素养培养中存在的问题[J].中学历史教学参考,2023(18):52-54.

就是"方法"。

要在历史教学中做好史料实证的教育工作，需要从以下几个方面来努力。

（一）"实"：明确史料的分类及价值；辨别史料真伪、看清史料的记叙角度、明确作者的想法

史料的分类是历史教学中必讲的内容，也是进行史料实证教学的第一步。一般而言，必须让学生能掌握以下几种分类：

①一手史料和二手史料：一手史料即史事发生当时所产生或记录的，未经编修，可以直接作为历史研究根据的史料；二手史料即在一手史料基础上经过取舍编辑或思考诠释形成的资料。

②文献史料和实物史料：文献史料即记载在某种载体上用来研究历史的资料，如史书、档案、报刊、杂志等；实物史料就是以实物、物件的形式出现的史料，如遗址、文物、照片等。

③有意史料和无意史料：有意史料指官方组织编写的史书或成文的历史著述、回忆录等；无意史料指当时的人们在无意中留下的证据，如政府的文书档案、军事文件及其私人信件、日记等。

④正史和野史：正史，一般是指由官方记录的史书；野史，一般指民间编撰的各种资料，是与"正史"相对而言的。

还有一些史料的其他分类，如"纂修之史"等，现行高考中较少提及，在这里就不一一赘述。

了解了史料的分类后，还要对史料价值有一个大致的判断，一般而言，一手史料价值大于二手史料，实物史料价值大于文献史料，无意史料价值大于有意史料，正史价值大于野史。明晓史料分类和价值，对于一些问题的解决能起到直截了当的作用。比如，2022年高考广东历史卷的第17题第1问"分别阐述每则材料对研究明代白银货币化的价值"，以及第3问"除上述材料之外，研究明代白银货币化还可补充哪些类型的史料，请至少列出两种"。

但是，有的史料并不能完全真实反映历史事实，这其中牵涉到的因素有作者的阶级立场、时代的局限性、作者的主观意图及记叙史实的角度等，这就要求我们要从各方面来辨析史料的真伪，挖掘史料真正的价值。这需要我们有必要的历史知识，同时也要掌握相关的方式方法，其实就是一种获取和解读信息的能力。近年来，历史学科的高考题加大了对学生获取和解读信息能力的考查力度，课标也强调"历史学习和历史认识的发展，都要建立在掌握历史信息的基础上"，比如2022年高考广东历史卷选择题的第1题，"考古材料是研究历史的重要依据。下列选项中，材料与结论之间逻辑关系正确的是"，此题将考核史料的分类限制在考古材料这一块，也就是实物史料，解题时，要获取该考古材料的时代背景并解读其中的信息，从而对材料和结论形成比较完整的逻辑关系，如果某个选项逻辑关系不对应，则可以判断该选项是错误的，在这个过程中，其实就考核了能力。另外，人都是有阶级立场的，体现在文献中，就是对某一事件的看法会打上阶级的烙印；如果该事件还直接或间接牵涉到作者，那么作者的主观意图也要考虑在其中；一个人对某些事物的看法也会存在时代局限性，他的作品、言行一般情况下是无法超越当时的时代的，就好比你不能要求李自成提出"建立社会主义"的口号一样诸如此类。这些都会影响到史料的价值，而对史料价值的比较，在史料实证的教学中也是不能忽视的因素，要教会学生全面、客观地去进行判断。比如2021年高考广东历史卷的选择题第3题，就是不同时代的史料记载对杨贵妃死于马嵬坡事件的看法，其实就是要考核对史料价值的判读。

（二）"证"：明白方法、了解原则、培养意识和精神

历史学科的价值取向是要"求真"，史料实证就是一个求真的过程，在这个过程中，大致要遵循以下思路：搜集整理史料→提取史料信息→辨析史料价值→综合运用史料→得出结论并加以论证，在这个过程中，还要随时有发现问题提出质疑的准备，比如：搜集的史料是否全面客观？选取的古文史料是否超出学生的阅读和理解能力？史料中提取的信息是否真实可信、具有相应价值？得出的结论是否中肯客观？是否要补充其他史料？等等诸如此类的问题，在史料实证的教学过程中要全面考虑。比如2022年高考广东历史卷的第17题，解题的过程就是这一思路的很好体现。这也和课标中要求学生"能够区分史料的不同类型""能够从获得的材料中提取有关的信息""能够认识不同类型的史料所具有的不同价值"，从而"运用史料作为证据论证自己的观点"，进一步"能够利用不同类型史料，对所探究的问题进行互证"，最后"能够比较、分析不同来源、不同观点的史料"并"能够恰当运用史料对所探究问题进行论述"的说法是一致的。

笔者认为，"明白论从史出的方法、了解孤证不立的原则、增强去伪存真的意识、培养批评质疑的精神"这几个方面在教学过程中要渗透到"实"中去，但也不能刻板地将这几方面割裂开来，因为这几方面都是紧密联系、互为因果、互相推动的：因为要论从史出，所以要对史料有去伪存真的意识，而且"论"就不能只采纳孤证，在这样一个过程中，去伪存真的意识和批评质疑的精神就培养起来了；而这种意识和精神的逐步增强，也能提高论从史出的能力，能更好地将"论"建立在相关的"史"上，这样就能培养多方面搜集史料和论证观点的能力。目前高考试题命制往往呈现出"在陌生中考查熟悉，在熟悉中考查陌生"的特征，在史料实证的过程中，能使学生对既有认知进行批判性的思考，同时也善于运用批判性思维思考问题，这就培养了历史学科核心素养，符合国家教育的要求。

对于基础比较好的学生，还可以在"实"这方面有更进一步的引导，比如找一些有深度的历史问题让学生进行合理的想象，并指导他们搜集史料进行论证，从而提高素养及能力。如2001年上海卷历史第37题"老山汉墓"题"墓主属于哪一民族'你倾向于哪种说法'"，这要求学生结合所学知识进行合理想象和判断，然后依托史料证据，提出一种可能性并加以论证。另一种进一步的引导是结合史料进行逆向推理，如2015年上海历史卷第39题，"若你支持第二种观点，应选择以下哪些史料作为证据？理由是什么？"这要求学生从问题或观点出发，去选择能支撑观点的史料进行论证。这种做法不但能激发学生的积极性，也考查了学生的逆向思维和发散思维、比较史料价值的能力，是史料实证教学中比较高的层次。

钱穆先生在《国史大纲》中说道："故欲其国民对国家有深厚之爱情，必先使其国民对国家以往历史有深厚的认识。欲其国民对国家当前有真实之改进，必先使其国民对国家以往历史有真实了解。我人今日所需之历史知识，其要在此。"要达到这样一个目的，在中职阶段的历史教学中，通过史料实证的方法，牢牢抓住"实"和"证"这两点来对学生进行引导就是必不可少的，只有这样，才能获取有价值的历史知识，从而形成正确客观的历史认识，提高学生的能力及素养[①]。

五、历史教学中培养学生史料实证能力的方法

在中职历史教学中，史料实证是一个重要的教学理念和方法，也是培养学生历史素养、历史思维和批判思维能力的关键。史料实证的方法不仅可以帮助学生更好地理解和记忆历史事件和人物，而且可以培养学生的分析、推理、思考和判断能力，为未来的学习和生活奠定良好的基础。下面将分别介绍中职历史教学中史料实证的具体方法。

（一）培养学生的史料分析能力

史料分析是史料实证的重要环节，也是中职历史教学的重点。通过对史料的深入分析，学生可以了解历史事件和人物的真实情况，理解历史事件的产生和发展背景，并在此基础上进行批判性思考。因此，在中职历史教学中，应该注重培养学生的史料分析能力。

第一，教师应该引导学生认真阅读和理解史料。在课堂上，教师可以通过讨论、提问、解答等方式，帮助学生对史料进行深入理解。第二，教师应该培养学生的史料鉴别能力。学生在阅读史料时，应该学会辨别史料的真伪、作者的立场和目的等因素，从而作出正确的分析和判断。最后，教师还可以通过对实际案例的分析和讨论，来提高学生的史料分析能力。例如，通过分析历史事件和人物的不同史料，来了解不同史料的真实性和客观性。

（二）培养学生的史料推理能力

史料推理是历史研究过程中必不可少的一环，学生需要具备对史料进行推理的能力，以便更好地理解历史事件的来龙去脉。在教学中，教师可以通过以下方法培养学生的史料推理能力。

首先，让学生对史料进行分类整理。在历史学研究中，史料往往来源繁杂，种类繁多，教师可以让学生针对一个具体的历史事件或问题，搜集相关的史料，并将其进行分类整理，以便更好地理解史料之间的联系和逻辑。

其次，教师可以引导学生进行史料对比。在历史研究中，不同史料之间往往存在差异和矛盾，学生需要具备通过对比不同史料，找出其共

---

①唐明君.史料实证:浅探高中阶段的"实"与"证"[J].教学考试,2023(18):35-37.

性和差异的能力，以便更好地推断历史事件的真相。

最后，教师可以让学生进行逻辑推理和假设分析。在历史研究中，有时史料并不能直接说明问题的答案，此时需要学生进行逻辑推理和假设分析，以便更好地揭示历史事件的真相。教师可以给学生提供一些历史事件的案例，让学生通过逻辑推理和假设分析，找出历史事件的真相。

（三）培养学生的历史思维能力

培养学生历史思维能力是中职历史教学中史料实证能力培养的一个重要方面。历史思维能力指的是学生在历史学习中形成的、对历史事件和现象进行深入分析、评价、解释的能力。培养历史思维能力可以帮助学生更好地理解历史，提高其对历史事件的判断和分析能力，从而更好地理解历史、掌握历史规律，有助于提高学生的历史素养。

具体来说，中职历史教学中可以通过以下方法培养学生的历史思维能力：

独立思考和探究能力：学生在课堂上可以通过提出问题、讨论问题、分析问题等方式，激发学生独立思考和探究历史事件及现象的能力。

反思和批判能力：教师可以通过引导学生对历史事件和现象进行反思和批判，让学生明确历史事件和现象中存在的问题和矛盾，并提出自己的看法和解决方案。

重视历史背景和文化因素：历史事件和现象的发生往往与历史背景和文化因素密不可分，教师可以通过介绍历史背景和文化因素，帮助学生更好地理解历史事件和现象的产生和发展。

多元思维和跨学科学习：历史学科与其他学科有着密切的联系，教师可以通过多元思维和跨学科学习的方式，引导学生综合运用各种学科知识，更好地理解历史事件和现象。

总之，培养学生的历史思维能力是中职历史教学中不可或缺的一环，教师需要通过多种方式激发学生的思考和探究能力，让学生更好地理解历史事件和现象，从而提高学生的历史素养和思维能力。

（四）培养学生的历史研究能力

历史研究能力是指学生具备从多个角度对历史问题进行深入研究和分析的能力，包括对历史事件的深入思考、对历史问题的全面了解、对历史研究方法的熟悉和掌握等。为了培养学生的历史研究能力，教师可以采用以下方法：

首先，研究历史文献。历史文献是历史研究的重要来源。通过研究历史文献，可以帮助学生了解历史事件的详细情况，深入理解历史问题。在阅读历史文献的过程中，学生需要注意文献的来源、作者、时代背景、文化背景等信息，并结合其他史料进行分析和研究。

其次，进行历史考察。历史考察是指实地考察历史遗址、历史建筑、历史文物等，以便深入了解历史事件和历史文化。教师可以组织学生到历史遗址、博物馆、文物保护单位等地进行考察，并要求学生记录考察过程、发现的问题和感受。通过历史考察，可以使学生更加深入地了解历史文化，提高历史研究能力。

最后，进行小组研究。教师可以组织学生进行小组研究，让学生自主选择研究方向，并进行深入研究。学生可以通过查阅史料、阅读历史文献、进行实地考察等方式进行研究，并撰写研究报告。通过小组研究，可以培养学生的自主学习和独立思考能力，提高历史研究能力。

中职历史教学是培养学生历史素养和历史意识的重要途径，也是促进学生全面发展和综合素质提高的重要手段。在中职历史教学中，史料实证是非常重要的教学内容，也是培养学生历史素养和历史意识的重要途径。

在中职历史教学中，要注重培养学生的史料实证能力，通过多种方法来培养学生的史料实证能力，使学生在历史学习和历史思考中更加深入和全面地了解历史事件和历史现象，同时也可以培养学生的批判思维和独立思考能力。

因此，我们需要进一步完善中职历史教学体系，注重培养学生的史料实证能力，提高历史教学的质量和效果，让学生在历史学习中得到更好的成长和发展①。

---

①母茜文.论中学历史教学中培养学生史料实证能力策略[J].中华活页文选(教师版)，2023(6):151-153.

六、基于史料实证的中职历史教学策略

(一)师资队伍环节:优化、强化历史课程教师专业素养为基石

"火车跑得快，全靠车头带"，中职历史课程要顺利完成对学生史料实证核心素养的培养工作，重中之重是直面当前中职历史教师整体力量不足的短板，积极创造条件，增强教师队伍的历史学科专业素养。

首先，快速建设专业化的历史教师队伍。针对历史课程已经被设置为中职必修文化基础课的现状和开设两学期课程的要求，应积极争取在新教师招录中向历史课程倾斜，快速建立适应中职历史课程教学需求的专业化教师队伍。经过师范类历史教育专业培养的毕业生拥有较强的史料搜集、辨析和运用能力与意识，能够将史料实证素养培养工作落到实处。

其次，通过转岗培训和职后培训提升教师业务能力。针对中职历史课程教师由其他专业转岗而来的情况，学校要积极组织转岗培训，让转岗教师迅速掌握历史课程教学的专业素养和能力，要让他们从教教材的传统教学观发展为用史料向学生还原历史真相，并鼓励学生自主求证历史真相的史料实证教学观。同时，学校还应组织新入职的历史教师进行入职、职后培训，使他们能够灵活地将较高的史料实证核心素养培养要求与中职学生历史学科学习情态相适应，从而通过专业化教学逐步提升学生素养。

最后，无论是新入职的历史教师还是转岗过来的历史教师，都应该转变传统的中职历史教学观念，在中职生历史核心素养培养目标的引领下更新教育理念，在不断深入学习新的历史教学理论的同时，树立史料实证意识。中职历史教师要积极参与历史教学培训、教学研讨等活动，提升自身的历史教学素养，提升史料实证能力。

(二)课堂教学环节:寓教于乐使学生乐于提升史料实证素养

课堂教学是课程实施的主阵地，也是课程核心素养培养能够产生成效的主要途径。史料实证素养要求学生能够对史料的重要性有清醒的认识，并具有不断提升自己辨析史料并通过史料来阐述观点的能力。中职历史课程教学内容是中外通史，其史料涉及文言文、外文、现代文，因此对学生人文素养综合要求很高，面对学业基础薄弱和学习畏难情绪明

显的中职学生，教师一定要转变教学思维，要能够寓教于乐，运用多种方法激发学生的学习情趣，让他们逐步提升史料实证素养。

运用矛盾解决法，强化学生利用史料分析问题的意识。对于共性的历史常识，常常会因为新史料的发现而形成具有矛盾冲突性的新观点，这通常较易激发学习者的学习与辨识兴趣。中职历史教师要在课堂教学中积极挖掘教材，寻找这种可以激发学生学习史料的点，笔者在讲授"西周的灭亡"这一知识的时候，既向学生讲述书本引用的"烽火戏诸侯"为典例的腐朽统治引发亡国的观点，又播放"烽火戏诸侯是否真有其事"的视频，视频从烽火台出现时间、西周国都与诸侯国距离等方面论证烽火戏诸侯的不可能性。学生在矛盾化的观点下，探究的兴趣被激发，于是笔者布置了一个课后思考题：你认为《史记》关于烽火戏诸侯的记载是否真实？请用史料予以说明。许多学生能够在课后去查找《史记》原文和其他相关历史记载，依照视频论证方法利用史料说明自己观点……在课程伊始，用这种激趣的形式，可以让学生清晰地意识到史料分析的重要性和有趣性，能够推动他们自愿提升史料实证素养。

通过实践法，让学生在动手实践中自觉提升史料实证素养。"纸上得来终觉浅，绝知此事要躬行"，在对机电班和数控班学生进行历史课程教学时，如何让"厌恶"理论学习的工科男愿意研究史料着实困难。笔者从该类专业学生动手能力强的特点出发，在讲述"隋唐时期的社会经济"一节时，组织了"我为老师做教具"的综合实践课，要求学生为笔者制作唐代筒车的教具，让他们可以自由组合成学习小组，制作成品并且要对原理、作用等予以说明。他们一开始大都依照书本图片随意用笔杆等做了个类似风车的"筒车"，一经运转都以失败告终，于是他们开始去找有关筒车的历史记载、他人的研究文章等，并就运转原理等展开论证，在潜移默化的实践中就感受到史料实证的重要性，从而使他们在后面的学习中能够自觉去学习并运用史料解决问题。

兴趣是激发学生自我展开学习的关键，对于中职学生更是如此。教师要注意到历史教学常会因为史学理论和史料阅读的枯燥性而导致的学生关注逐渐衰减，要在课堂教学中加入许多新颖的资料、新型的教学方法，并结合中职学生动手能力强的职教特色，多开展综合实践课，"立足于让学生产生对未知领域的探索热情，在这种情境下和孩子们一起去探索新问题"，从而培养他们史料实证的素养。

总之，中职历史教师在教学中要提倡学生通过自主搜集史料的方式来促进自主学习，教会学生如何利用互联网、图书馆、阅览室等途径查阅自己需要的史料资料的方法，为学生历史自主学习提供方法支持，培养学生的史料搜集能力。教师在课堂上也要善于运用史料，并合理掌握史料运用的时机，通过新鲜、趣味的史料来激发学生史料分析的意识，并通过课前组织的多份史料资料引导学生对比分析史料，让学生从史料对比分析中获得历史学习的乐趣和成就感，并借助史料分析来解决历史学习过程中所遇到的问题。此外，教师在课堂教学的过程中，为了避免沉闷、枯燥的课堂氛围问题，还要开展有效的课堂提问，通过有效提问一方面引导学生对比、思考、分析史料资料，提升学生的史料证实能力；另一方面也激发学生课堂参与的热情，有效提升课堂教学效率。

（三）运用现代信息技术，丰富史料呈现手段

现代教育技术持续且深入地介入到了教育教学的过程中，使传统的教育形态发生了巨大的变化，它已经成为新时代教师所需要具备的一项基本素质。因此，教师在教学过程中提高信息技术的使用能力就成了一个必然的趋势。科学合理地利用现代教育信息技术，能够有效地拓展课程资源，引入丰富多样的史料材料，激发学生学习兴趣，为学生提供选择、辨别、运用史料的机会，凸显史料在历史学习中的作用，提高教学效益。利用现代教育信息技术进行教学，相对传统模式在史料实证素养培育方面也具有明显优势。

例如，在史料的搜集、选取上，各种搜索引擎、数据库、网站网页，相对于传统图文实物史料的搜集，更为方便快捷，效果也往往更好。在史料的呈现上，尤其是图像史料、音频与视频等数字资源的呈现上，优势更加明显，在相关课程资源的传播和使用上，也更为方便。以往不易在课堂上展示的实物史料也可以通过视频的方法给学生呈现，助力学生的学习探究活动，体现史料的价值，提高学生史料实证素养。

现代教育信息技术既可以用在教师的"教"上，有条件的情况下，也可以用在学生的"学"上。教师可以制作精美实用的多媒体课件，动态展示史料和实证过程；还可以就相关史料制成微课，以便学生能够重复使用，增强学生自主探究的效果；教师也可以将相关史料资源上传到博客、空间、微信公众号等网页上，与学生进行互动、探讨。例如，利用微课展示具体的史料，包含史料的来源、年代、具有的特征及主要内容，就非常实用，能够让学生感受历史留下的痕迹，引导学生利用史料作为证据来探索历史的真相，发现历史结论；也可以就某个学习主题要求学生搜集整理相关史料，然后在课堂上报告交流，既可以培育学生的史料实证素养，还能锻炼学生的表达能力。

（四）发掘教材中的史料，培育史料实证素养

教材原本是学生手头上最主要、最基本的学习文本，然而在使用时却存在诸多问题。部分教师仍没有更新"教材观"，不是在"用教材教"而是在"教教材"，严重拘泥、局限于教材中的知识，把教材视为金科玉律。而且在"教教材"中只注重教材的知识与结论，强调知识体系，却忽略使用"导语"、插图、资料窗、课后思考题等内容中蕴含的丰富史料，导致教学效果不佳。部分教师过度依赖课件、学案、讲学稿、教辅资料等，对教材本身存在一定程度的忽略，未充分有效使用教材中的各种史料资源，也未能很好地将各种课程资源有机整合、综合利用，降低了教材史料的价值。

在培育学生史料实证素养的教学中，教师要科学合理地使用教材，不能陷入上述误区。从某种程度上而言，历史教材具有丰富的史料资源。在历史教育教学中，教师对教材的处理方式也能影响到学生对于史料利用的效果。著名历史教师李惠军曾提出"教材问题化，问题材料化"的处理教材的方法，针对现阶段的教学实际就非常有效，通过合理的设问，可以较好引导学生对课文的解读分析。教师对于历史教材中的辅助插图、展示的文献、历史人物的评价等充分加以利用，也能达到培育学生史料实证素养的目标。例如，充分利用历史教材中的插图史料论证历史观点。历史教材中的插图属于图像史料，也可细分为历史地图、实物图像、示意图、人物图、历史图表、历史照片、文艺图像等。除了引导学生学会对图像史料分类外，还可以通过示范引导学生学会解读，比较各种图像史料。以人物图为例，通过人物形象可以引导学生关注当时社会风俗、经济文化水平等。《辛亥革命》一课中孙中山和溥仪的人物图，就反映出前者受西方文明影响较深，而后者依然是留着长辫、身着龙袍的传统清朝皇帝形象，受西方文明影响较不明显。二者生存的时代有交集，曾同时并存，则反映出20世纪初的中国存在中西文明并存交融的历史事实。

（五）学案导学为载体，培育学生史料实证素养

学案导学属于一种新型的教学方式，学生按照老师设计的学案，对教材进行仔细的阅读、探索、比较和分析教材中的观点，对历史知识形成整体的认识。之后，学生再按照学案的要求，将有关的内容全部完成，这样，学生就可以提出自己的观点或见解，师生一起进行研究和学习。这种教学模式是一种以学生为主体，促进学生利用史料探究历史知识的有效学习模式，能够引导学生更好地实现自主学习、探究活动，并获得相应的结论。该模式既满足了中职学生思维发展的需求，又符合了中职学生自我意识发展的需求，对学生的自我发展和自身价值的体现具有非常重要的意义。而教师并不只是一个知识的传授者，更重要的是要将学生的自学能力和自学习惯进行培养，让他们学会如何学习、如何思考，从而提升学生分析问题、解决问题的能力。学案导学将建构主义等教育理论应用到了实践中，对贯彻落实自主学习、合作学习、探究学习的新课程理念有很大帮助。与此同时，它还可以在学生学习和思考的过程中，针对学生在学习深度和广度上存在的不足，积极性和自主性较低的问题进行改进，从而改善教学过程中的预设性过强而生成性不够等实践问题，对培养学生的史料实证素养有很大帮助。

学案导学能够比较方便地呈现史料供学生学习，尤其是在提高学生对自主性学习能力方面具有重要的作用。但是很多学案存在习题化、"知识本"化的倾向，使学生的自主、合作、探究活动都停留在浅表与形式上，而未达到"深度学习"的层面。要实现"深度学习"就要优化学案导学设计与使用，而这些问题必须注意：首先，要更深入地调动学生的积极性、自主性，例如，可以尝试让学生参与到学案的编制过程中，把他们的学习需求与困惑融入其中，且在使用过程中注重赏识教育，多多鼓励，引入竞争机制、奖励机制；其次，优化学案导学设计，要设计合理的探究活动，不要使学案简化为习题集，例如，围绕探究的主题，选取多样化的史料，不要局限于文字史料，文字史料不要只是二手史料，还可以注意选用合适的译文、古文、现代文等不同的史料。就史料实证素养而言，巧妙的设问也是很关键的，要适当设计开放性问题，为课堂教学埋下伏笔。课堂教学既要有预设，又要有生成。没有预设，课堂是无序的，严重影响教学质量，是不负责任的；只有预设，没有生成，课堂是封闭的，根本不利于培养学生的创新精神、实证精神。教师在使用学案导学中，不要完全拘泥于学案，也可以抓住疑难问题、拓展延伸问题进行生成性教学。

（六）课程考核环节：结合职教特色创新考核方式以促进发展

中职历史课程属于考查性课程，教师可以自行选择学科考核的方式，学校也希望教师积极进行创新性学科考核尝试以提高文化基础课程的教学效果。笔者根据中职学校人才培养目标和教育特色认为，教师可以基于培养学生史料实证素养的需求出发，结合学生所学专业创新历史学科的考核方式，利用学生较为重视的考核工作进一步提升学生史料实证的素养。

在教学过程中，笔者曾经采用过使用"撰写历史小论文"的方式作为学科考核方式，以"我心目中的一代君主"（可以是中外历史中的任何一位君主）为题组织开卷考试，要求学生在考试前搜集有关某位君主功过的史料，史料必须有关该位君主的政治、经济、文化施政情况及他人评价，每人至少准备6条史料，每条不少于100字。在考试当天，各考生之间交换史料，并根据拿到的史料完成800字的历史小论文，并对提供史料的同学从任务的完成度、史料的真实度、史料的可用度等维度加以互评，互评分+小论文得分=考核得分。这样开卷式的考试方式学生很欢迎，分类别加分考核的方法又使得学生真正投入其中，认真搜集、选择史料，同时也完成对自己准备的史料和他人提供的史料进行了两轮分析，使他们在备考与考试中就提升了自己的史料实证能力。

笔者还根据文创专业特性，进行以"我为宋代名窑名瓷撰写推广文案"为主题的期末考核，将历史史料实证素养的考核与学生的专业学习实现有机结合。采用小组合作应考的考核形式，让文创学生用今后走向职场将面临的创作团队合作完成项目的业态来应考。新颖的考题和考试形式激发了学生的创作、学习欲望，他们规划小组成员任务、自主搜集史料、合作辨析史料对完成考题的作用、运用史料完成文案……通过这场考核，学生理解了史料实证素养不仅是历史课程需要他们具备的学科核心素养，也是能推动他们职场顺利发展的重要素养。

七、史论结合，培养实证精神和问题意识

核心素养不仅包括相关的核心知识、技能，还包括情感态度与价值观，培育学生的史料实证素养，千万不能忽视培育学生的实证精神及其相关的问题意识与批判性思维。求真求实是历史研究与学习的永恒追求，实事求是的科学态度是对待任何学科的必然要求。在历史学习中，学生要逐渐养成史论结合、论从史出的史证意识。在基于史料求证历史真相的过程中，问题意识和批判性思维是必然伴随其间的。

问题意识也被称为思维的问题性心理品质，指人们的认识中经常意识到一些难以解决的、困惑的理论或实际问题，并产生一种怀疑、困惑、焦虑、探究的心理状态。高考考纲也明确要求着重考查学生发现历史问题、分析历史问题、论证与探讨历史问题的能力。批判性思维的质疑与问题开始，批判性思维已经成为教育改革的重心之所在。历史教育必须高度重视批判性历史思维品质的培养与技能训练。"把一切都送上理性的法庭"是批判性思维的信条与口号。历史概念、历史判断、历史推理、历史结论、历史论证都是批判性思维的对象。在史料实证中，史料的可靠性、实证的方法与过程、得出的历史结论都要历经批判性思维的检验。

因此，教师在历史教学中要注意适时呈现可靠的史料来论证所探讨的历史问题，为学生做好示范。在学生论证和探讨历史问题时要正确地予以引导，以培育和强化学生的实证精神及问题意识和批判性思维，切忌盲目地大量向学生灌输历史结论。在史料实证教学的过程中，我们要确立新的认知观、教学观和评价观，回归学科本质，发挥学科价值，以素养为导向，以学习为中心，以学科知识为载体，以教学为途径，探索与践行理想范式，优化过程与细节，做好从史料到实证的前置与推进及迁移，注重表现性任务和适配评价，努力突破实践困境，促进学生"史料实证"素养的发展。

史料实证是一个利用真实的史料通过严密论证得出历史观点的过程，它强调"言之有物，论据来自历史"。史料实证是历史学习和研究的基本思路与核心手段，以可信的史料为基础，创设提问情境，引领学生回归"历史的原点"，勾连史实，逻辑推理，寻找问题的实质与来源，从而完成对以史料为基础的宏大历史知识的构建与阐释。然后，利用对史料的解释，对课本中的观点进行验证，能极大程度上深化学生对关键知识的

理解，同时也对培养学生的史证意识有很大帮助①。

总之，史料实证素养的培养有利于中职学生形成较高的历史学科素养，更有利于他们的终身发展。中职历史教师要从教材的传统思维桎梏中解脱出来，结合职教特色，不断使用新颖的教学方法与手段，助力学生自主、自觉、自愿地在潜移默化中提升史料实证素养②。

第三节　史料实证课堂案例分析

一、案例一：古代的生产工具与劳作

史料实证既是《中等职业学校历史课程标准（2020年版）》的核心素养要求，也是研究历史的基本方法。在中职历史教学实践中，如果学生只是掌握一些零散的历史知识，但不能通过搜集、整理、辨析史料，得出自己的历史认识，就很难培养其历史思维能力。这就要求历史教师通过展示、分析文献、图像等史料，逐步培养学生的实证意识，使学生能够运用唯物史观解释、评价历史。以下拟结合"古代的生产工具与劳作"一课，对这一问题进行实践性探讨。

（一）有效探究，培养学生史料实证意识

史料实证素养培养的第一步，在于学生史料实证意识的养成。教师合理进行教学设计，有效引导学生养成史料实证意识的关键，在于改变传统讲授式教学范式，在课堂上有效运用探究式教学。通过适当的史料呈现与问题设计，教师可以创设出师生共同探究历史的课堂气氛，从而为学生史料实证意识的养成创造良好的教学环境。讲授式教学的精髓在于教师向学生精准传递史实和史论。经过教师精心梳理后的史实和史论，通过教师的悉心讲授，最终转化为学生的历史认知。这样的教学范式，可以极大提升中职历史教学的效率，避免学生在历史学习过程中"走弯路"。其弊端同样明显：自始至终，学生都是教学过程的完全接受者，鲜有独立思考、批判质疑的空间，史料实证意识的养成自然也就无从谈起。

①张建.基于史料实证的高中历史教学策略[J].知识文库,2023,39(16):36-39.
②邱阳.中职学生史料实证素养培养的策略刍议[J].知识文库,2023(3):145-147.

培养学生的史料实证意识，应努力使学生在历史学习过程中有足够的独立思考、批判质疑空间。这一点，恰好是探究式教学的魅力所在。在教师提供适当的史料基础上，在教师合理的设问引导下，探究历史的氛围形成了，学生独立思考、批判质疑的空间出现了，史料实证意识养成也就水到渠成了。

以"古代的生产工具与劳作"一课为例。教师设计教学时，很容易走向完全的"讲授式教学"，即像博物馆导游一样，逐条给学生讲解哪一时期，农业、手工业出现了什么新工具，劳作出现了什么新方式，新工具、新劳作方式有何特点等。这样的一堂课下来，学生的史料实证的意识与能力很难得到锻炼与提升。

因此，在本主题教学的关键节点上，合理呈现史料与设计问题，形成探究历史的教学环节就非常必要。例如，讲授中国古代制陶业发展基本情况时，教师可以适时向学生展示中国国家博物馆馆藏——陕西西安1957年出土的唐代"陶骆驼""骑骆驼胡人俑"文物图片。

在展示该史料基础上，教师可以进一步开放性设问：图片能够反映出唐代制陶业哪些相关历史信息？学生可基于史料作答：唐代制陶业发展，西北少数民族和外国商人经陆上丝绸之路来到中国，民族融合加强，对外交往发展。在学生作答基础上，教师又可进一步设问：这些历史现象出现的原因是什么？学生经探究讨论后亦可进一步作答：国家疆域辽阔、统治者的民族政策灵活、重视对外交往、封建经济繁荣等。

这样的教学设计，一是可以促使学生打通本主题与其他必修教科书、选择性必修教科书相关历史知识；二是可以改变完全讲授式教学的单一乏味，以探究讨论的形式激发学生对于历史学习的兴趣；三是可以使学生逐渐形成从史料中挖掘历史信息、形成历史结论的思维习惯，从而养成史料实证的意识。

（二）合理选择史料，搭建学生史料实证素养培养平台

史料实证的基础在于史料。没有适当的史料作为依据，史料实证也就成了无源之水、无本之木。因此，教师必须选择合理的史料，方能为学生的史料实证素养培养搭建适当的平台。

1.选择可信度较高的史料，为史料实证素养培养提供保障

教师呈现可信度高的史料，是学生史料实证素养培养科学性的基础。

正如梁启超所言："史料为史之组织细胞，史料不具或不确，则无复史之可言。"例如讲授"劳作方式的发展"时，教师可以向学生提供《汉书·食货志》中的相关史料：

"今一夫挟五口，治田百亩，岁收亩一石半，为粟百五十石，除十一之税十五石，余百三十五石。食，人月一石半，五人终岁为粟九十石，余有四十五石。石三十，为钱千三百五十，除社闾尝新春秋之祠，用钱三百，余千五十。衣，人率用钱三百，五人终岁用千五百，不足四百五十。不幸疾病死丧之费，及上赋敛，又未与此。"

《汉书》为我国古代史学巨著，刘知几曾评价《汉书》"自尔迄今，无改斯道"，其史学地位、价值可见一斑。引用其中的记载，可以比较真实地为学生还原中国古代人民劳作的真实情境。基于此材料，学生可以探究分析出古代人民劳作生活的基本状况，进而认识到家庭手工业等副业生产，在古代人民劳作生活中的重要性，最终在史料实证的过程中形成比较客观的历史认知。

当然，从大量严谨的"信史"中精选史料，是一项极其考验教师专业素养的教学工作，并非所有历史教师都可以轻易做到。在这种情况下，教师认真研究历史教科书中"历史纵横""史料阅读""学思之窗"等课文辅助栏目，便具有了重要意义。这些课文辅助栏目中，有大量史学专家精选出来的，为本课教学量身提供的优质史料。认真钻研并努力将这些史料应用于课堂教学，是大部分历史教师在培养学生史料实证素养过程中的必修课。

2.选择史料应避免以偏概全，使学生形成史料互证思维习惯

史料是由人书写下来的，这意味着即使治史者极其谨慎，也不可能完全避免"史料"带有一定的主观色彩，或者说是历史片面性，正史记载亦概莫能外。故而，《旧唐书》和《新唐书》中才会有"薛举寇泾州，太宗（李世民）率众讨之，不利而旋"和"太宗有疾，诸将为举所败"这样的历史记述差异。因此，教师在培养学生史料实证素养过程中，也要避免史料选择的以偏概全，应尽量选择全面。

例如，讲授明代纺织业时，可引用下面两则有关明后期对外贸易的史料：

"他们（葡萄牙人）每年在贩卖中国绢于日本这宗生意上获得的银，

年额达二百二十五万两，以充作他们购买中国货往欧洲的资本。"

——矢野《关于长崎贸易之丝绸及银的向中国之输出》

"据估计，万历十三至十九年（1585—1591年）间，葡萄牙人每年运往日本的中国商品约值六十至一百万克鲁沙多，万历末年，有时每年高达三百万克鲁沙多（葡萄牙银圆，每一克鲁沙多约合白银一两）。"

——傅衣凌主编《明史新编》

利用这一类史料的互证，学生就可以对明后期对外贸易，尤其是纺织业对外贸易的状况形成相对客观、真实的认识。由此，可以为学生结合史料，分析这一历史现象背后的历史原因和影响打下坚实基础。这亦是在学生史料实证素养培养过程中不可忽视的重要环节。

需要指出的是，教师在选择"互证"的史料时，应注重史料类型的多样化。例如，文物图片等类型的史料均可适当选取，不能千篇一律地选用文献史料。每一类史料都有其独特的史学价值，难以相互替代。这一点，亦是教师在选择史料过程中避免以偏概全的重要表现。

3.引入不同史论观点，让学生在辨析中训练"史料实证"

培养学生史料实证素养过程中，教师应当选择印证教科书相关知识的史料，同时也可以选择对教科书观点有一定拓展和提升的史料，甚至可以有意识引入一些大相径庭的史论观点，使学生在观点辨析的过程中提升史料实证素养。

联合国教科文组织指出，在未来社会，人类"批判性处理信息的能力"的培养极为重要："目前的挑战是，如何教会学习者理解他们每天面临的纷繁杂芜的信息……根据已经掌握的信息来辨别信息的重要性。"这一能力的培养落实在历史教学中，就是学生通过提高史料实证素养，形成历史辨析能力。因此，教师可以有意识地、适当地给学生呈现一些干扰思维判断的史论观点，并提供相应的史料依据，让学生进行相应训练。例如，在拓展学习"劳作方式的发展"一目时，我们可以为学生展示两则有关官营手工业的史论观点：

"工官"工场的经营……对民间市场没有明显的影响……使得水准较高的手工业技术局限于为帝王、贵族服务，技术发明和革新不能服务于社会。

——人民版《高中历史（必修二）》

官营手工业产品可分两大部分……满足民众生产、生活需要的营利部分……基本上要投放市场流通……随着商品经济的深入发展，官营手工业的市场化程度加深。

——李仁杰《官营手工业产品真的不投放市场流通吗？》

围绕两则截然不同的史论观点，教师可以提供给学生相关史料，甚至可以组织学生自行查找相关史料，辨析哪一则史论观点更具有科学性。在这一思维辨析的实践过程中，学生史料实证的意识与素养均能够得到较大提升。

总之，结合课程改革对中职历史教学的新要求，我们必须培养学生的史料实证素养：以探究式教学培养学生史料实证意识；合理选择史料搭建学生史料实证素养培养平台。这个过程可能漫长，也可能会有很多的挫败感，但努力的结果值得期待[①]。

二、案例二：从隋唐盛世到五代十国

对学生的史料实证素养的培育，教师往往更多关注教材外的史料，而忽视教材史料的典型性。笔者以"从隋唐盛世到五代十国"一课的教材史料为例，从诗文证史、图像证史、实物证史三方面展开。

（一）诗文证史

诗文作品很多都从不同角度反映了当时社会现实，是研究历史的重要资料，现代史学家在研究中，也非常注重"诗文证史""诗史互证"的研究方法。我国史学家陈寅恪先生说："中国诗虽短，却包括时间、人事、地理三点。……外国诗则不然，空洞着人、地、时，为宗教或自然而作。中国诗既有此三特点，故与历史发生关系。"教材引用唐诗人皮日休《汴河怀古二首》，诗中谈了龙舟事和大运河的看法，进而设问，请学生谈谈对隋炀帝的看法。由此可以培养"史料实证"的高层次水平，"能够从史料中提取有效信息，作为历史叙述的可靠证据，并据此提出自己的历史认识"。

万艘龙舸绿丝间，载到扬州尽不还。应是天教开汴水，一千余里地无山。

---

①王曙光,安雪,赵玉民. 高中生史料实证素养培养策略研究[J]. 中学历史教学参考,2023(9):40-42.

尽道隋亡为此河，至今千里赖通波。若无水殿龙舟事，共禹论功不较多。

——皮日休《汴河怀古二首》

第一首，"万艘龙舸绿丝间，载到扬州尽不还"可以与"隋炀帝乘龙舟到江都（即扬州）游玩，最后在江都被部下所杀，再也没能回到长安"的史实相印证。第二首"尽道隋亡为此河，至今千里赖通波"许多人都认为隋炀帝为了开凿运河不恤民力，使得老百姓不堪重负，终于揭竿而起，引起了隋末农民大起义，最终导致了隋的灭亡。然而到了唐代，大运河仍然是利国惠民、沟通南北的大通道。正像教材提到的开凿的大运河，贯通南北，对巩固统一，促进南北经济交流及运河沿岸城市发展，都起到了重要作用。"若无水殿龙舟事，共禹论功不较多"指隋炀帝若没有借运河游玩之举，功绩可与大禹治水相媲美。作者既对隋炀帝奢侈游江都的事进行了贬抑，又辩证客观地评价了大运河的作用。这也恰恰与"辩证发展地看问题"的唯物史观相吻合。

史料引申：对于大运河的开通和隋亡的关系，一直是被关注的热点问题。若只知道"隋朝的灭亡，是隋炀帝的残暴统治导致的"有些细节内容不作解释的话，历史学习的镜鉴功能，就不够充分。唐朝除了皮日休的诗外，还有胡曾《汴水》："千里长河一旦开，亡隋波浪九天来。锦帆未落干戈起，惆怅龙舟更不回。"李敬方《汴河直进船》："汴水通淮利最多，生人为害亦相和。东南四十三州地，取尽膏脂是此河。"胡曾把大运河的开通夸大为隋亡的主要原因是不正确的。而李敬方，虽然强调了开通运河给人民带来了大量经济负担，但也肯定了大运河的积极作用，他的观点是正确的。无论怎样，三首诗都提到了大运河开通的劳民伤财。而皮日休的诗，重在批判了隋炀帝的奢侈巡游，而对运河开通时的民怨没有涉及。当时统治者是否知道，开凿运河会劳民伤财呢？大运河的开凿，隋文帝始，隋炀帝扩大规模。《隋书·食货志》载隋文帝开通广通渠的诏书："……朕君临区宇，兴利除害，公私之弊，情实悯之。故东发潼关，西引渭水，因藉人力，开通漕渠。量事计功，易可成就。已令工匠，巡历渠道，观地理之宜，审终久之义。一得开凿，万代无毁。可使官及私家，方舟巨舫，晨昏漕运，沿溯不停，旬日之功，堪省亿万。诚知时当炎暑，动致疲勤，然不有暂劳，安能永逸。宣告人庶，知朕意焉。"隋文帝对开通运河的必要性作了说明，但他并不是对开凿运河会导致人民疲弊没有认识，他认为"不有暂劳，安能永逸"，所以开凿运河有其必要性，隋炀帝开通南北大运河时亦然，有利于加强南北交通，巩固在全国的统治。适当劳民也是情有可原的，但错在哪了呢？错就在他的过度劳民，超出了人民的承受能力。大运河真正开凿仅用一年半的时间贯通了2000多公里，虽然尽量利用旧有水道，但对老百姓的负担还是极其沉重的，按照《资治通鉴》记载，开凿通济渠役使男丁百余万，开凿邗沟役使男丁10余万，开凿永济渠，征发丁壮500余万。后来男丁不够用了，居然让妇女服役。在工期紧迫下，监工逼迫民夫超负荷劳动，民夫大量死亡。所以工程很伟大，但过程太快，政策太猛，造成了滥用民力的大失误。再加上统治者奢侈巡游，不断搜刮烦劳百姓，本来的"利政"成为"急政"，最终成为"暴政"的一部分。这也正是我们今天应该反思的，也是汲取经验教训，培养家国情怀的重要环节。此外，对于诗文证史，也要注意诗毕竟是文学作品，有的诗想象夸张成分很大，并不是每句都可信，要注意和其他史料互证，推敲鉴别。

(二)图像证史

图像史料是指以图像形式承载的史料，如绘画、雕刻、照片、古地图等。新课标指出，"知道绘画、雕刻、照片等图像是重要的史料，选择有代表性的图像史料进行研读；认识图像史料的价值。"图像证史的旨趣着眼于图像作为历史证据。同时需要注意的是，图像材料有时带有虚构和想象成分，虽不完全符合历史事实本身，亦不能全面客观反映历史真实，但在一定程度上能提供某些局部的真实。

在讲到唐朝的曲辕犁时，教材这样提到"唐朝时，江南农民在长期生产中将耕犁改进为一种轻便的短曲辕犁"。晚唐陆龟蒙的《耒耜经》有曲辕犁的记载。曲辕犁在三个地方有重要改进：一是长直辕改为短曲辕；二是加装犁评，可以调节耕犁的深浅；三是改进了犁壁。这种犁成为当时最先进的耕具，在江南水田地方推广。教材同时提供了"敦煌莫高窟壁画唐朝牛耕图中的曲辕犁"图片。

这一壁画，属于图像史料，如何图像证史？依据图文互证的原则，图像与陆龟蒙的《耒耜经》内容相印证，可以证明曲辕犁的存在、唐朝农业生产力的进步。陆龟蒙的《耒耜经》江南里有"江东之田器尽于是"

可以证明在江南地区推广。而敦煌莫高窟壁画唐朝的曲辕犁不能证明曲辕犁在江南的出现与推广，因为敦煌位于甘肃，地处黄河流域，所以只能证明曲辕犁在黄河流域的使用。因此，图像证史一定要注意其时空的限制。

对于《职贡图》，第一，看作者、画名。作者：传为阎立本。画名：《职贡图》。第二，定位时间、空间和内容。时间：唐朝。空间：中国。内容：外国使节和我国边远少数民族使臣携带贡品来唐朝进贡。第三，从绘画形式来看，职贡图属于宫廷画，注重写实。第四，绘画是艺术作品，有一定的主观性。

史料引申：外国使节和我国边远少数民族使臣携带贡品来唐朝进贡，既展现了唐朝文明的巨大吸引力，也是古代中国朝贡体制的一种反映，还是唐朝推行开明的民族政策与开放的对外政策的结果。隋唐时期，负责民族事务的机构是尚书省的礼部及鸿胪寺。礼部的礼部司负责朝聘及册封的礼仪，主客司负责各族朝见事宜；鸿胪寺负责宾客接待礼仪。

历史地图是特定历史进程在空间的展开。一般分为两类：一类是历史现象地图，是历史在特定时间点的空间上静态呈现，包括疆域图、局势图等；另一类是历史事件地图，是特定历史事件的发展过程在动态呈现，如战争图、交通路线图等。无论属于哪一类，步骤相近：关注主题、辨明方位、看清图例、留意时间、关注发展、古今对照、深入理解。

以此步骤分析《唐朝前期疆域和边疆各族的分布图（669年）》。

主题：唐朝前期疆域和边疆各民族的分布图（669年）。

方向：本着"上北下南、左西右东"的原则，可以看到唐朝四至疆界；各主要城市的地理位置。各少数民族的方位：东北部有靺鞨、室韦，北部有回纥、东突厥，西北有西突厥，西南有吐蕃等。

图例：观察地图上的都城，唐的都城在长安，吐蕃的都城在逻些。观察府州级驻所，东北设安东都护府；北方设安北、单于都护府；西北设安西、北庭都护府。此外还有渤海、黑水都督府。从政权部族疆界看，吐蕃等没有归入中央版图。

时间与发展：标题上是669年，唐前期。而地图上，也有702年，713年与726年。说明唐朝对边疆的管理，在不断发展。

深入理解：唐朝前期疆域广阔，唐统治者实行开明的民族政策，在民族地区采取了灵活的管理办法，民族交往交流交融增强，少数民族政权也为边疆开发作出了积极贡献，促进了统一多民族国家的发展。

史料引申：西域是指甘肃阳关、玉门关以西，也就今天新疆和更远的广大地区。历朝历代加强了对西域的管理。公元前60年，西汉政府在西域设置了西域都护府，加强对西域的军政管理。唐朝时，设置了安西都护府和北庭都护府，统辖天山南北。元朝时，设北庭都元帅府、宣慰司等管理军政事务，加强了对西域的管辖。清代平定了准噶尔部叛乱，1762年设立了伊犁将军，实行军政合一的军府体制。1884年改"西域"为"新疆"，设立新疆行省。1949年，中华人民共和国成立，新疆和平解放。1955年成立新疆维吾尔自治区。

（三）实物证史

实物史料是指那些可以明确反映和传递历史信息的物体，如历史遗址、遗迹、遗物、建筑物等。对任何实物的研读都不可能只是为了观察实物史料的外在特征，而是对实物背后人的活动发问，因此对实物证史是由外至内，由形象到意义，由描述到分析的过程。实物一般会提供时间、空间、名称等基本信息，联系所学，并能梳理出历史发展的脉络。

教材中的唐蕃会盟碑图片，虽然是图片，但它属于实物史料。教材附加说明："唐蕃会盟碑立于西藏拉萨大昭寺门前，是唐穆宗时唐朝与吐蕃会盟的遗物。这次会盟史称'长庆会盟'，盟约里写道：'患难相恤，暴掠不作。'"这一会盟碑是第一手史料，价值很高，它是汉藏两大民族团结友好的历史见证。会盟碑是有碑文的，双方将盟文刻石立碑，用汉藏两种文字书写。在教学中，可以补充部分盟文"今社稷山川如一，为此大和。然甥舅相好之义，善信每须传达，彼此驿骑，一任长相往来，依循旧路，蕃汉并于将军谷交马其绥戎栅以东，大唐祇；清水县以西，大蕃供应。须合甥舅亲近之礼，使其两界烟尘不扬，罔闻寇盗之名，后无惊恐之患。封人撤备，乡土俱安，如斯乐业之恩，垂诸万代，称美之声，遍于日月所照矣"。唐蕃通过会盟，化解了干戈，为两族间的长久和平奠定了基础。

史料引申：会盟碑文提到的吐蕃与唐"甥舅"关系的由来是什么？这次会盟前的战事应是什么？唐以后，中央政权与西藏关系如何？通过问题链的设计，可以承前启后。承前，既整合了选择性必修1"文成公主、金城公主入藏，唐蕃之间多次会盟"的知识点，又化解了必修教材一句难点"平叛过程中……边防空虚，吐蕃趁机占领河西陇右地区"。启后，宋元明清以及中国近现代有关藏族历史，一气呵成。通过实物史料引出的历史知识串联，史证了民族的友好，民族的相依，为当今中华民族伟大复兴的携手共进！

史料实证要求在"求真求实"基础上，广集资料、辨析整理、运用史料，进而形成对历史正确的、客观的认识。要掌握搜集史料的途径和方法，包括在图书馆、档案馆、博物馆查询目录、利用类书索引工具书、访问有关人物、游览、发掘、网络搜索等。对史料要善于辨伪，既要考虑历史研究者的立场、时代、占有史料的多少、研究视角等因素的影响，还要注意孤证不立，多元史料互证。在运用史料时，要学会提取史料有效信息，作为历史叙述的可靠证据，能对历史说明、解释和评论，做到论从史出，史论结合，有理有据①。

---

①郑金霞．依托教材史料，培育史料实证素养：以"从隋唐盛世到五代十国"一课为例[J]．教学考试,2023(35):28-32.

第六章　基于唯物史观核心素养的历史课堂教学设计

第一节　唯物史观核心素养概述

一、唯物史观

《中等职业学校历史课程标准（2020年版）》中对学科核心素养之"唯物史观"的表述是：

"唯物史观是揭示人类社会历史客观基础及发展规律的科学的历史观和方法论。

"人类对历史的认识是由表及里、逐渐深化的，要透过历史的纷杂表象认识历史的本质，科学的历史观和方法论是非常重要的。唯物史观使历史学成为一门科学，只有运用唯物史观的立场、观点和方法，才能对历史有全面、客观、正确的认识。"

课程目标对"唯物史观"落实要求的表述是：

"了解唯物史观的基本观点和方法，包括生产力和生产关系之间的辩证关系、经济基础和上层建筑之间的相互作用、人民群众在社会发展中的重要作用、人类社会形态经历了从低级到高级的发展过程等，初步形成正确的历史观；能够将唯物史观运用于历史的学习与探究中，并将唯物史观作为认识和解决现实问题的指导思想。"①

二、唯物史观核心素养

（一）唯物史观核心素养的内涵

在中职历史教学中，唯物史观对于教学能够起到良好的核心理论、思想指导作用。唯物史观在人类社会历史揭露过程中起到的是客观基础

---

① 中华人民共和国教育部. 中等职业学校历史课程标准：2020年版[M]. 北京：高等教育出版社，2020.

作用，同时也是人类社会历史发展规律的科学史观。一般而言，人们对于历史内容的了解都是由表及里，在复杂的历史表象当中理解历史本质。基于此，在历史知识学习过程中，科学历史观、方法非常重要。通过利用唯物史观立场、观点等，能够对历史发展有着正确认识。唯物史观是马克思主义哲学当中的重要组成部分，在对世界的认识、实践过程中，要始终坚持唯物主义观点。在唯物史观当中，能够始终坚持一个思想，那就是物质决定意识。能够从实际角度出发看待各类问题，看待世界时能够使用联系的观点与发展的观点，并对合理的方法论进行利用，实现对世界问题的科学探究。在中职历史知识学习期间，唯物史观要求学生对于不同方面之间的关系有正确认识，比如，了解上层建筑、经济基础之间的关系，理清历史发展轨迹与发展脉络，从而帮助学生了解我国古今中外发展情况。

一般认为唯物史观素养的内涵主要包括以下内容：物质生产活动是整个社会生活以及整个现实历史的根基，物质生活的生产方式对社会、政治以及精神生活的全部起着重要的约束作用；人类社会历史的发展和自然界的发展一样，从低级到高级，有它自己的内在规律；生产力与生产关系之间的辩证运动、经济基础与上层建筑之间的相互作用，是社会发展的根本动力，其中生产力和生产关系是主要方面；生产发展到一定历史阶段，必然出现阶级、阶级社会；阶级斗争是阶级社会发展的直接动力；无产阶级专政是达到消灭阶级、向无阶级社会过渡的历史阶段；社会存在是第一性的，社会意识是第二性的，社会存在对社会意识起着决定性的作用，社会意识不仅是社会存在的反映，又具有相对独立性，对社会存在有反作用；人民群众在人类社会历史发展中起着重要作用；人民群众是社会实践的主体；人类社会历史的发展是合力推动的。

由于苏联理论界和国内"左"的思想错误影响，我们对于唯物史观素养的内涵出现过一些理解误区，主要包括以下五方面。

误区一：把马克思和恩格斯的社会发展观简单化地理解为一元单线的"五种社会形态说"，即不同国家、不同民族的发展都遵循着先后经历原始社会、奴隶社会、封建社会、资本主义社会、共产主义社会（社会主义社会）这样五种形态的基本规律。针对这一误解，新课标在"这个发展总趋势具有普遍性、规律性的意义"前面，加了"不是所有民族、国家的历史都完整地经历了这五个阶段"一句。

对于唯物史观，恩格斯在《在马克思墓前的讲话》中有如下表述："历来为繁芜丛杂的意识形态所掩盖着的一个简单事实：人们首先必须吃、喝、住、穿，然后才能从事政治、科学、艺术、宗教等等；所以，直接的物质的生活资料的生产，从而一个民族或一个时代的一定的经济发展阶段，便构成基础，人们的国家设施、法的观点、艺术以至宗教观念，就是从这个基础上发展起来的。"这一精辟论述突出反映了人类物质生产实践活动和实践能力推动社会基本矛盾运动从低级向高级发展的规律。

误区二：机械地理解"社会存在决定社会意识"，认为"社会存在"即人们所处的外部环境。外部环境对人们的实际生活过程会产生影响，但影响到底有多大，则取决于他本人自觉或自发地把外在环境中的哪些因素吸纳到他自己的实际生活过程之中。虽然管子曾说"衣食足则知荣辱"，但在历史和现实中同样也不乏"人穷志不短"的实例。

误区三：把唯物史观等同于阶级斗争史观，把阶级斗争作为人类历史发展、社会进步的"唯一动力"。在阶级社会中，阶级斗争是社会发展的直接推动力，是社会生产力和生产关系矛盾发展的外在表现。在中国古代，王朝末期爆发的农民战争虽然能迫使新的统治者调整统治政策，但并不能使人类社会进入一个新的历史阶段，这正是由于社会生产力并没有发生质的变化。

误区四：简单地用经济因素解释一切复杂的社会现象和历史发展进程，否认政治、思想、理论等因素的作用，即"经济决定论"。恩格斯晚年在《致约·布洛赫》中特别指出："如果有人在这里加以歪曲，说经济因素是唯一决定性的因素，那么他就是把这个命题变成毫无内容的、抽象的、荒诞无稽的空话。经济状况是基础，但是对历史斗争的进程发生影响并且在许多情况下主要是决定着这一斗争的形式的，还有上层建筑的各种因素……有无数互相交错的力量，有无数个力的平行四边形，由此就产生出一个合力，即历史结果。"

误区五：片面理解"人民群众创造和推动历史"，否认杰出人物的历史作用。马克思和恩格斯所说的"人的历史"即所有人参与创造的历史，每一个阶级在历史不同阶段都发挥了不同的作用，而"杰出人物"正是

"人们"的杰出代表，代表了时代发展的潮流和方向。同时也要看到，杰出人物的历史活动必然受到阶级和时代的影响，只有在符合历史实际和潮流，并顺应广大人民的利益时，他们才能真正推动历史和社会的前进[1]。

（二）唯物史观核心素养的要求

在中职历史教学过程中，唯物史观的应用要求教师在具体教学过程中，合理利用正确的方法论进行，从而实现对学生的正确引导，与此同时，帮助学生创建科学合理的历史知识体系，将学生实际生活中面临的问题更好解决。在此背景下，能够实现对历史问题的研究，将学生历史学习积极性全面调动起来，创建完善的历史脉络提纲，这对于学生历史知识的学习能够起到良好促进作用。在落实唯物史观的教学实践里，还要注意从物质决定意识角度出发，帮助学生树立正确思想价值观念，这对于学生未来更好学习、发展能够起到良好促进作用。教师对于唯物史观要有正确认识，从而将其应用在中职历史教学中，为学生带来高质量课堂，促使学生能够对我国历史发展有更加深刻的认识与了解。

（三）唯物史观核心素养的作用

"关于现实的人及其历史发展的科学"。它科学揭示和体现了人类社会历史存在的客观基础及其发展规律。

唯物史观即历史唯物主义，是马克思主义哲学的重要组成部分。2021年3月，习近平总书记在党史学习教育动员大会上明确指出，"坚持用唯物史观来认识历史""唯物史观是我们共产党人认识把握历史的根本方法"。青年一代是祖国的未来，是中国特色社会主义建设者和接班人，因此，掌握唯物史观对青年一代就显得尤为必要。职业教育阶段是形成正确价值观的重要阶段，因此在职业教育阶段使学生掌握唯物史观的理论和方法十分重要。

历史理论是历史教学的基础，指引着历史教学活动的开展。新课标明确提出，职业教育历史课程是学生在马克思主义唯物史观指导下，了解中外历史发展进程、传承人类文明、提高人文素养的课程，具有思想性、人文性、综合性、基础性特点，具有鉴古知今、认识历史规律、培

---

[1]余文伟,刘继伟.高中历史学科唯物史观素养的考查[J].浙江考试,2023(4):18-21,25.

养家国情怀、拓宽国际视野的重要作用。新课标深刻阐释了历史课程的性质、理念、目标、内容与理论指引。可以说，唯物史观是职业教育历史课程的理论指引，是教师在历史教学中落实立德树人根本任务的理论基础。

新课标明确提出：唯物史观是历史学习的理论指引，是其他素养得以达成的理论保证。也就是说，唯物史观贯穿历史核心素养形成的各个阶段，是形成历史核心素养重要的理论基础，如果不能很好地掌握和运用唯物史观的理论与方法，不仅不能正确看待历史事物，还会影响学生认知历史、辨识史实，从而影响学生正确价值观的形成。因此，要培育历史核心素养，首先要树立唯物史观[①]。

1.唯物史观指导教学的意义

（1）唯物史观是科学的历史观

在恩格斯和马克思创立唯物史观之前出现的史学观念都具有一定的历史局限，唯物史观的出现，完全克服了以往历史观念最突出的缺点：

其一，唯物史观直接指向了物质基础，生产力的发展状况决定了思想意识的发展和去向。

其二，唯物史观认为人民群众在历史发展的过程中起到了决定性的作用，这是首次站在自然科学的视角来探索人民群众生活社会生活条件的史观。

随着时代的发展和进步，唯物史观凭借着自身博大精深和开放包容的理论体系，被历史学界称之为"迄今为止最为科学的历史观"。

（2）唯物史观是历史学研究和教学的指导思想

自新中国成立以来，我国的历史教学始终以唯物史观为指导，历史教材的编纂也以唯物史观作为基本的原则。教育部提出的历史学科中的五大核心素养里包括"唯物史观、时空观念、史料实证、历史解释、家国情怀"。在这其中，唯物史观发挥着重要的引领作用，是其他四大素养达成的基本保障。在历史教学中，要求以唯物史观作为科学的指导，对人类历史人类社会的发展进步历程展开系统而科学的阐释[②]。

①吴秀丽.坚持唯物史观理论指引 培育学生历史核心素养：基于中国共产党土地制度改革的思考[J].中学教学参考,2023(13):57-60.
②杨蕊如.唯物史观指导下的中学历史教学：以"唯物史观视角下的历史人物评价"为例[J].花溪,2021(24):59.

2.中职阶段培养学生唯物史观的必要性

在如今核心素养背景下，中职历史教学中，培养学生唯物史观的必要性体现在不同方面，具体阐述如下：①在唯物史观当中，能够将人类社会历史客观基础，以及社会发展规律揭示出来，属于重要的科学历史观以及方法论。因此，通过对唯物史观立场与唯物史观方法的应用，促使学生能够对历史有着全面、客观的了解。在唯物史观的正确引导之下，帮助学生掌握正确的历史发展规律、了解历史发展本质，与此同时，能够对历史人物、历史中发生的事件作出科学合理评价。②中职阶段教学不仅仅是帮助学生掌握更多专业知识，同时也要帮助学生树立正确思想价值观念。因此，在教学期间可以利用唯物史观，帮助学生了解历史、认识历史，针对历史能够有着客观的认识。帮助学生养成良好思维习惯，这对于学生未来更好学习与发展而言具有重要意义。对于中职阶段学生唯物史观的培养，教师要有正确认识，从而在历史教学过程中，结合学生具体特点、发展情况，对教学方式进行创新与完善，通过该种方式能够为学生带来高质量教学课堂，帮助学生掌握更多历史知识的同时，强化学生核心素养，为学生发展、学习奠定良好基础，增强学生综合素质[①]。

第二节　在历史人物评价课堂中运用唯物史观的原则

唯物史观是科学系统的历史观，是历史教学中的根本史论，是历史学科核心素养的关键组成部分，为我国的历史教学提供了积极有益的指导。历史学科教学当中重要的人物教学与评价，也必须以其为准则，按照正确的历史导向和价值判断来学习和评价历史人物。

历史观从根本上塑造了人们认识历史的方式和立场，只有坚持唯物史观的正确引领，才能够形成对历史人物的客观评价，同时也在实践过程中培养了学生的历史学科核心素养。

对于中职历史的教学内容来说，历史教师应当从唯物史观的角度主

①郭银箱.核心素养视域下高中历史教学中唯物史观的实践应用研究[J].中文科技期刊数据库（文摘版）教育，2023（1）：93-95.

张对杰出人才的研究和评价，让学生能够明白历史杰出人物能够推动历史的进程，有利于在学生心中树立良好的榜样形象，提高学生对历史知识的分析能力。教师在分析历史人物思想的时候，应当联系他们所处的时代环境以及他们对当时社会作出的贡献，不能够片面地分析他们所发表的内容。全面评价历史杰出人物，加深学生对于历史人物的认知，体现出历史时空观念这一重要的核心要素，有利于提高学生对于历史人物评价的水平，提升学生对于历史问题的分析能力[①]。

一、从当时的历史社会背景出发

评价所有的历史人物，都必须客观地回顾他当时所处的社会背景社会环境。"评价人物和历史，都需要我们提倡全面的和科学的观点，要防止片面性和感情用事。"每一个个体都是切实的历史环境和特定时代的产物，他们所有的社会实践行为以及思想意识的产生都不能跳出时代而产生。

因此，在中职历史教学的历史人物评价中，也必须从当时的历史社会背景出发，不能以当下的眼光评价当时的风云。这就要求学生一定要坚持历史唯物主义的观点，首先要对其所处的历史环境进行再现，从各个角度出发，按照具体问题具体分析的原则来评价历史人物。

二、按一定的阶级出发作出分析

唯物史观要求评价历史人物，一定要以阶级分析的方法客观考量。每一个人物都是特定历史环境下的人物，同时也是特定阶级下的人物，生活在阶级社会当中的历史人物，全部都会被映射下历史阶级的印记。教师在教学的过程当中，也应让学生认识到：虽然阶级本身不会发生变化，但是人物的阶级归属是会发生改变的，而且，身处于同一阶级的历史人物，也可能随着自身的发展走向截然不同的两条阶级道路。

三、以辩证的眼光评价历史人物

对于历史人物的评价，应遵循辩证法，一分为二评价历史人物。首先，其主观的行为动机与客观的实践效果之间是存在着紧密联系的，理

①邓一帆，刘天逸.基于核心素养理念的唯物史观在高中历史教学中的融入分析[J].天天爱科学（教育前沿），2023（8）：67-69.

想状态下二者会达成统一，但是更多的实践二者很难完全形成统一的理想状态。只有将二者相结合，才能够给予历史人物一个公正的评价。其次，个人道德品质与其历史作用之间的关系也需要得到辩证的看待。这要求要以历史作用标准作为历史人物评价的根本依据。最后，在评价历史人物之时，我们要采取其积极作用与消极作用相结合的评价标准。对于特定历史人物的评价，不能因为其发挥的积极历史作用就忽视其所产生的消极影响，也绝不能因为其犯下的错误就抹杀他对于社会历史进程的贡献。

作为科学的历史观，作为历史学科教育中的重要核心素养，唯物史观在历史教学中提供了重要的理论基础和指导思想，也提供了历史人物的评价的重要标准。在具体的中职历史教学实践中，只有让学生始终坚持唯物史观，从当时的历史社会背景出发，按一定的阶级出发作出分析，以辩证的眼光评价历史人物，才能够科学、客观、全面地认识和评价历史人物，提升学生对于唯物史观的正确认识和把握能力，积极拓展历史学科育人价值的维度[1]。

第三节　唯物史观在历史人物评价课堂教学中的实践

一、从物质与意识关系辩证看待历史问题

中职生有着属于自身的特点，比如，较强的是非观念、性情冲动等，这一时期的学生在面对很多事物的评价时，往往都是简单的"好"或者"坏"。利用唯物史观能够促使学生对历史事件作出客观评价，能够在对社会背景有正确认识基础上，对历史事件进行全面了解、分析，在这一过程中，学生的独立思考能力、独立判断能力都可以得到提升，这也是唯物史观的一个重要作用。人类历史发展涉及很多内容，比如，人类自身劳动所创造的价值，以及人类社会物质基础，此类劳动基础往往是建立在物质世界基础之上。人类社会当中的政治、经济以及文化等上层建

---

[1]杨蕊如.唯物史观指导下的中学历史教学：以"唯物史观视角下的历史人物评价"为例[J].花溪,2021(24):59.

筑，要建立在经济基础之上。因此，在看待历史以及历史问题时，要从唯物论角度展开，也就是说，从经济技术角度、生产力发展水平角度对历史发展情况进行研究。实际上，在人类社会发展过程中，政治、经济以及文化等不同方面，都处于不断变化中。比如，欧洲在进入到资本主义时代之后，人类科技的进步能够在很大程度上促进生产力进步，此时，政治制度、社会文化也在这一过程中发生转变。在世界上有很多国家，从工业革命时期就开始落实资本主义政治制度建设。比如，德意志统一、日本的明治维新等历史事件的发生，以及改革工作的开展，都是围绕生产力、生产关系发展进行，在此期间可以积累很多物质基础，这对于此类国家的资本主义建设与完善，能够起到良好促进作用。很多历史事件都需要学生用辩证的眼光看待，比如，在秦国发生的焚书坑儒事件，绝大部分学生都会对秦始皇存在刻板印象，认为秦始皇是暴君；但从文化角度进行分析，在当时秦始皇的这一行为能够起到良好促进作用。主要是因为秦始皇利用武力，并将众百儒生生命作为代价，实现对思想的统一，同时稳固王权，中华文明也因此得以千年流传。在世界历史上，这是从来没有出现断代的文明体系，此类内容的实现都是在思想统一的前提下展开。汉武帝在继承中发展与创新秦始皇时代的各类决策，并且实施"独尊儒学"，从思想内涵角度分析，这一做法的主要目的仍然是实现对封建统治的巩固。从秦始皇大一统的核心思想层面分析，即便是经过几千年的更朝换代，也仍然具备很强的融合作用，也促使各个民族的统治者，都能够尊重、崇尚汉民族文化。除此之外，秦始皇统一六国文字，并将"书同文"这一政令发布，这对于汉字的流传、应用能够起到良好促进作用。即便不同地区都有着属于自身的方言，但是在文字表达具有统一性，这也是古埃及文明、古巴比伦文明、古印度文明无法做到的。通过辩证学习，促使学生能够从辩证的角度，对历史事件的积极影响与消极影响进行了解，这对于学生正确价值观的树立能够起到良好促进作用。

二、从联系与发展角度看待历史发展结果

从当前中职历史教学中不难看出，有一部分学生之所以没有对历史事件、历史知识有更好认识、了解的主要原因是，没有科学、有效的唯

物史观对学生进行正确引导，致使学生不会利用发展的眼光看待问题，尤其是在研究历史事件过程中，并没有从内因、外因等不同角度进行思考。例如，1840 年鸦片战争失败，而造成战争失败的原因有很多，清政府自己存在问题，闭关自守没有跟上时代发展脚步，而且清政府贪污腐败，致使清政府无法与英国相抗衡；外因主要是英国自身当时已经完成资本主义工业革命，拥有先进武器，国家发展非常迅速，导致两个国家之间的差异逐渐增大，此类因素都是导致鸦片战争失败的关键。基于此，在中国近代史的学习中，要教导学生利用联系、发展的观点看待问题，根据国内、国外具体情况，了解国内、国外重大历史事件，以及重大政治变化。比如，五四爱国运动的主要导火索是巴黎和会上中国外交失败。该种学习方式，促使学生能够对历史知识有更好认识，并加强对知识的理解、加深对知识的印象。

三、利用矛盾分析法解决具体问题

在中职历史教学过程中，教师要坚持利用矛盾分析法，对问题进行全方位分析，这对于学生历史课程学习能力的提升能够起到良好促进作用。比如，在长城修建的这一问题中，一直以来都存在很大争议，有部分人认为，长城的修建不仅劳民伤财，而且无法发挥出抵御外族入侵的重要作用；还有人认为，修建长城能够起到保卫农耕民族的作用。针对此类问题，通常要站在合理的角度、根据实施情况进行理解。在历史当中，我国只有西晋、北宋、南宋三个王朝亡于外族入侵，其他王朝灭亡的原因，往往是国内动乱，实际上，西晋王朝的灭亡，也是因为国家内乱。由此可以发现，两宋因为没有长城作为抵御而亡于外族入侵。长城在修建过程中，会引起严重的劳民伤财问题，但在实际应用过程中也能抵御外族入侵。特别是在西汉初年，长城能够发挥出自身的抵御作用，从文景之治到汉武帝，长城绝大部分情况下都能够解决北方游牧族的入侵与威胁。明代在长城修建过程中，统治阶层没有做到奋发图强从而致使国家灭亡，其原因并不是修建长城。通过具体问题的详细分析，利用事实将史实问题更好解决，这对于学生解决历史问题的实践能力提升，能够起到良好促进作用。

四、从唯物史观正确看待历史发展

中职历史教学期间，教师要引导学生利用唯物史观，通过对比的思维，看待国内外发展历史，从而做到不盲目自大、不盲目崇外，在看待世界时能够用发展的眼光，做到洋为中用，树立起为祖国建设事业而不断奋斗的坚定信念。如果从历史唯物主义思想层面，针对两个国家的历史发展情况进行全面挖掘与了解可以意识到，日本一直以来都是采取军国主义方式进行国家统治，日本天皇发挥的精神影响非常之大，远远超过实权控制，这会导致明治天皇在皇权方面的改革阻力逐渐被削弱，促使日本能够更好完成君主立宪制的改革。从中国几千年的发展历史中可以看出，通常情况下每个新朝代的创建，都需要利用武力的方式，将前朝统治推翻，戊戌变法属于人为主导的和平演变，这也是造成失败的一个重要原因。直至出现新民主主义革命后，才推翻中国几千年的封建统治，这对于抗日战争的胜利、解放战争的胜利能够起到良好促进作用。这也说明，此类内容都是我国社会变革的必经之路。

综上所述，学科核心素养培养是当前中职历史教学的重点内容，为调动学生学习积极性，激发学生学习兴趣，教师要对传统教学方式进行优化。在教学中落实唯物史观，促使学生能够利用辩证的眼光看待问题，对于历史事件能够作出客观的判断，加深对历史知识的了解，从而提高学生学习质量①。

---

①郭银箱.核心素养视域下高中历史教学中唯物史观的实践应用研究[J].中文科技期刊数据库（文摘版）教育,2023(1):93-95.

第七章　基于家国情怀核心素养的历史课堂教学设计

第一节　家国情怀核心素养概述

在教育制度改革背景下，中职历史教学要重视培养学生家国情怀，所以，教师要在课堂教学中渗透家国情怀。通过家国情怀的培养，教师可让学生对家和国有一个正确认识，明白有国才有家，激发出学生内心热爱祖国的情感。同时，教师要积极创新教学方式，并引导学生学习历史，从而加强学生自身的家国情怀素养。

一、家国情怀

《中等职业学校历史课程标准（2020年版）》中对学科核心素养之"家国情怀"的表述是：

"家国情怀是学习和探究历史应具有的人文追求，蕴含了对伟大祖国、中华民族、中华文化、中国共产党与中国特色社会主义的认同感和爱国主义情感。

"学习和探究历史应具有价值关怀，要充满人文情怀并关注现实问题，自觉提升境界、涵养气概、激励担当，以服务于国家富强、中华民族伟大复兴和人类社会的进步为使命。"

课程目标对"家国情怀"落实要求的表述是：

"树立正确的国家观，增强对祖国的认同感；能够认识中华民族多元一体的历史发展进程，形成对中华民族的认同和正确的民族观，增强民族团结意识，铸牢中华民族共同体意识；了解并认同中华优秀传统文化、革命文化、社会主义先进文化，引导学生传承民族气节、崇尚英雄气概，认识中华文明的历史价值和现实意义；拥护中国共产党领导，认同社会主义核心价值观，树立中国特色社会主义道路自信、理论自信、制度自信、文化自信；了解世界历史发展的基本进程，理解和尊重世界各国、各民族的文化传统，树立正确的文化观，形成开阔的国际视野和人类命运共同体的意识；能够确立积极进取的人生态度，树立劳动光荣的观念，养成爱岗敬业、诚信公道、精益求精、协作创新等良好的职业精神，树立正确的世界观、人生观和价值观。"[1]

二、家国情怀的内涵

家国情怀是中华民族传统文化的重要组成部分，并影响着每一个中华儿女。所谓家国情怀，是指主体对共同体的一种认同，并促使主体发展的思想。家国情怀的基本内容包括三个方面，分别是家国同构、共同体意识和仁爱之情，强调个人修养、注重亲情、心怀天下。另外，从历史发展情况来看，家国情怀来源于人文精神，这主要体现在古代知识分子的身上。同时，家国情怀在发展中内涵不断丰富，蕴含着深厚文化底蕴。在历史发展过程中，家国情怀表现出明显的时代性特征，进入现代社会中，家国情怀在社会建设、祖国统一等方面发挥着重要作用。所以，我们要正确认识家国情怀，明白其对于国家和民族发展的意义。

三、中职历史教学中培养学生家国情怀的重要意义

(一)促进学生传承中华传统文化

随着社会快速发展，人们开始意识到传统文化的作用，其凝聚了古人的智慧结晶，并对于社会和国家发展具有指导作用。因此，中职学生作为重要人才资源，必须积极学习中华民族传统文化，以期来提升自身文化修养，从而实现更好的发展。同时，家国情怀和民族传统文化有着密切联系，其中包含了优秀文化内涵，所以，教师要借助在历史教学中培养家国情怀来促进学生传承传统文化，并将传统文化发扬光大。另外，家国情怀学习对学生会产生积极影响，特别是在优秀传统文化的引导下，使学生树立起正确人生价值观，从而促进学生身心健康发展。中华民族传统文化在任何时期都有着重要价值，而且中职学生肩负着传承传统文化的职责，因此，教师要结合时代和学生自身发展需求，并在历史教学中融入家国情怀，促进学生学习传统文化。学生在对家国情怀了解中会

---

[1]中华人民共和国教育部. 中等职业学校历史课程标准:2020年版[M]. 北京:高等教育出版社,2020.

认识到中华民族传统文化，学生的民族文化修养也会得到提升。

（二）引导学生树立起正确价值观念

现代社会发展中出现了很多新的思潮，其中不乏一些伪历史和历史虚无主义，这对中职学生会产生不利影响，导致学生对历史缺乏正确认识。中职历史教学除了让学生学习历史知识外，更为重要的是引导学生形成正确历史价值观，确保学生具备辨别是非的能力。如何帮助学生树立起正确历史价值观，培养家国情怀是一个很好的突破口，所以，教师要提高对学生家国情怀的培养，让学生在此基础上加深对知识的了解，从而促进学生正确地去看待历史。如果学生受到不良思想的影响，不仅会歪曲历史真相，而且会形成错误观念，这对学生成长会产生不利影响。所以，教师要意识到家国情怀培养对于学生成长的影响，教师在历史课堂教学中渗透家国情怀，这会正确地去引导学生，这有助于学生健康发展[①]。

第二节　家国情怀核心素养下的历史课堂教学设计

一、感受历史人物的爱国情怀

历史是社会发展中客观存在的事情，学生认识历史需要感受历史人物的家国情怀，通过切身的体验感受历史人物面临的境况，通过创设情境带领学生感受人物的心路历程，拉近学生与历史人物之间的距离。比如南宋民族英雄文天祥，多次组织军队抵抗元军的入侵，甚至在被捕入狱，威逼利诱之下，宁死不屈。让学生感受伟大人物的情感与使命，让学生明白历史是充满人情味的，这种无畏的奉献精神和强烈的爱国精神，是推动历史车轮的重要力量。

二、以传统文化为切入点，感受家国情怀

传统文化推动了文化之间的交流，"古代中国的政治制度"一课中，

---

①王卓. 中职历史教学培养学生家国情怀的探讨［J］. 中华活页文选（高中版），2023（11）：100-102.

西周分封制中融入了家国情怀，周天子将土地进行分封，从而形成"天下共主"的局面，格局的改变有利于推动文化的交流，形成心理上的认同感，从而产生天下一家的家国情怀。从分封制中传递出的精神，还能够应用于现代的教育中。因为现代的中职生的青春期叛逆，容易忽略家庭的爱，淡化对集体乃至国家的爱，以"分封制"为切入点，通过引导改变学生的家庭观和世界观，从而产生家国情怀。

三、突出核心素养，培养家国情怀

以"明末清初的思想活跃局面"为教学的重点，如何正确理性地看待明末清初的思想活跃局面，通过时段理论学习，将其分为三个视角进行解读，探究明末清初的思想活跃局面所带来的历史影响，培养学生利用多维度的角度看待历史，发扬传统文化，渗透爱国情怀。

根据史料设计问题，在16—17世纪的中国，经济形式脆弱动荡，明清阶段的思想家有一种对时代性的后知后觉，无法形成一种新的社会经济形式。为什么那个时期的思想家会对时代性后知后觉？让学生将历史人物的思想作为重点进行研究，提升学生对于历史的评判能力。明清阶段的思想家提出的思想虽然没有上升到一定的高度，但是在当时的社会背景下，他们勇于批判，提出方案，这就是历史的进步，更是那个时代敢于提出批判君主专制的英雄。

望断历史长河，追忆爱国情怀，学生只有了解了文化传统，才能认同传统文化。一个时代可以消逝，但是民族精神需要永传。在"辉煌灿烂的文学"一课中，感受盛世之下的爱国之情与衰败之时的爱国情感。感受《离骚》中屈原的爱国情操，首先设计问题，端午节并不陌生，对端午节的由来不清楚，但是纪念屈原却都知晓，为什么？屈原的爱国情操是如何体现的？本问题设计的目的就是抓住了屈原诗歌产生的背景，从诗歌中感受诗人爱国精神与忧国忧民的爱国情操。追思杜甫，感受诗圣杜甫关注国家命运、悲悯众生的诗篇，比如，《春望》中"国破山河在，城春草木深"；《茅屋为秋风所破歌》中"安得广厦千万间，大庇天下寒士俱欢颜，风雨不动安如山"，还有很多关于爱国情怀的名篇，通过这样的环节让学生感受到杜甫的爱国情怀。

历史是一门具有民族血性的人文科学，担负着培养学生灵魂与信念的重任。回顾历史，在中西文明文化碰撞的潮流下，学生作为振兴中华的栋梁，需要有强烈的国家荣誉感，对国家有着高度的认可与尊重。通过传播优秀的传统文化提升我国的软实力，实现中华民族的复兴之梦[①]。

第三节 家国情怀核心素养下的历史课堂教学途径

一、提高培养学生家国情怀的重视程度

受到传统教育理念影响，中职历史教学重点在于理论传输，即教师在课堂上讲述教材内容，学生通过学习来了解历史。在这种教学理念下，教师忽视了学生家国情怀的培养，导致学生缺乏对家国情怀的了解。因此，中职历史教学中培养学生家国情怀首先教师要在思想上引起重视，并且教师要将家国情怀融入课堂教学中来，从而对学生开展家国情怀教育。家国情怀的继承与发展具有必然性，我国之所以有五千年灿烂文明，这和家国情怀有着很大关系。在历史发展的任何一个时期，都会涌现出为国家、为民族发展的仁人志士，他们不惜牺牲自己的生命来捍卫自己心目中的家和国。由此可见，家和国在每个中国人心中都占据着重要位置，而培养学生家国情怀是历史发展的延续，学生会继承民族传统文化并发扬光大。培养学生家国情怀可以促进学生全面发展，教师要站在历史发展的角度去看待，让家国情怀在中华民族发展中发挥出有效作用，推动中华民族历史前进。

二、深入挖掘中职历史教材内容

中职历史教学中培养学生家国情怀要立足于教材，因此，教师要对教材内容深入挖掘，并和家国情怀结合起来，确保对学生可以起到教育作用。中职历史教材以历史发展内容为主，虽然表面上和家国情怀没有直接关系，但是我们深入分析就会发现其中蕴含的家国情怀。所以，教师要对中职历史教材深入挖掘，提取出其中的家国情怀素材，并有效运

①王丽娟.基于核心素养的高中历史"家国情怀"教学设计[J].中学课程辅导(教师通讯),2018(20):97.

用到教学中去，从而对学生起到教育作用。

例如，在学习"甲午中日战争前后的政治经济概况和文化"这节课的过程当中，教学目标要求学生了解甲午中日战争的性质，明确《马关条约》的内容及影响。教师对这节内容分析，并在课堂教学中引入家国情怀的内容，对学生开展教育。1894年爆发了甲午中日战争，当时日本疯狂对外扩张，向我国发起了侵略战争。虽然当时清朝国力衰败，但是依然有一群爱国将士，他们为了保卫祖国顽强抵抗，不惜献出自己宝贵的生命。教师通过挖掘历史教材内容，学生会深受历史事件的影响，从而感受到家国情怀的伟大。

三、有效运用乡土历史资源

中职历史教材内容以历史重大事件、进程为主，这会让学生感觉到非常遥远，再加上教师只是单纯理论讲述，这会让学生感觉到乏味，从而影响学生学习效果。因此，为了改善这种情况，教师可以将乡土历史资源引入课堂中来，这样学生会感觉到亲切，有助于激发学习历史兴趣。教师要结合所在地区历史发展情况开展教学，并将历史事件、历史名人等引入课堂中来，在潜移默化之中影响学生。我国是一个有着悠久历史的大国，每个地区、每座城市都有自己的历史文化，所以，教师在培养学生家国情怀中要与乡土历史资源联系起来，运用当地的历史文化来教育学生。乡土历史资源的引入会让学生感觉到历史就在身边，这会激发学生探究历史的欲望，从而自主学习乡土历史文化。同时，为了让学生对乡土历史文化有直观的了解，教师可以组织学生开展历史实践活动，让学生在活动中有身临其境的体验，感受乡土历史文化的魅力。

四、引入名人名言、事迹

名人名言具有哲理性，对学生具有启发作用，因此，教师要发挥出名人名言的作用来培养学生家国情怀。我国历史发展中出现了很多仁人志士，他们始终将国家放在第一位，当国家遭受危险的时候挺身而出，甘愿为人民群众的幸福牺牲自己。另外，名人名言、事迹有着强大感染力，会吸引学生注意力，让学生在探究中了解名人名言的真谛，从而达到培养学生家国情怀的目的。

例如，在学习"中华人民共和国成立"这节课的过程当中，教学目标要求学生了解中华人民共和国成立的历史意义——新中国的成立，开辟了中国历史的新纪元，壮大了世界和平民主和社会主义力量。在这节内容教学中，教师可以引入名人名言，例如，周恩来在东关模范学校读书期间，在一次课堂期间，校长向大家提问："请问同学们为什么而读书？"听到这个问题后周恩来站起来回答道："为中华之崛起而读书！"虽然周恩来当时年龄较小，但是已经明白自己身上肩负的使命，要通过努力读书来振兴中华。同时，教师要引导学生感受周恩来身上的家国情怀，在少年时期就树立起远大人生理想，这对学生会产生积极影响，学生会努力学习、奋发图强，为实现中华民族伟大复兴而学习。

五、有效拓展历史教学内容

中职教材内容只包含了我国历史的一部分，无法满足学生历史学习需求，因此，教师要在教材基础上拓展教学内容，使学生接触到更多历史内容，从而强化学生家国情怀培养效果。为了方便拓展教学内容，教师要有效利用多媒体，并在网络上搜集课外历史知识。需要注意的是，教师在拓展中职历史内容时不仅要结合家国情怀思想，更要关注学生自身特点，保证学生在课外学习中加深对家国情怀的了解。同时，多媒体教学以其独特形式会吸引学生注意力，在画面、音乐的渲染下会将学生带入教学中，使学生仿佛置身于历史场景中。另外，教师还可以组织学生在课堂观看有关家国情怀的电影，学生在观看中情感会被调动起来，从而强化自己的家国情怀。当然，并不是所有的历史内容都适合学生，教师要控制好课外历史内容的难度，避免难度过大影响学生正常学习。在拓展历史教学内容中会激发出学生探究历史的欲望，教师要引导学生在课外自主学习，从而让学生学习到更多历史知识。

六、创新历史教学方式

中职历史教学中培养学生家国情怀不同于单纯理论传授，其具有抽象性，需要学生自己去理解，从而使学生正确认识家国情怀。因此，教师要转变传统教学方式，突出学生在课堂上的主体地位，并鼓励学生自主学习，让学生在学习中感受家国情怀。如果教师直接将家国情怀相关内容告诉学生，学生对此理解较为浅显，仅停留在文字层面，教师就无法达到对学生家国情怀培养的目的。教师要意识到家国情怀是一种情怀，所以，学生情感体验是非常重要的，应让学生在情感上产生共鸣，用心去感受家国情怀。基于此，教师在历史课堂教学中要让学生积极行动起来，可以采用提问的方式引发学生思考，让学生在思考中理解家国情怀。中职历史教学要以学生为主体，教师应认真分析学生身心特点和学习需求，并有效转变教学方式，将学生学习历史积极性调动起来，这有助于培养学生家国情怀。

七、结合职教特点培养学生家国情怀

中职教育主要目的是培养学生专业技能，并在教学中引导学生养成良好职业素养，要求学生具备爱岗敬业、团结协作、诚实守信等精神，使学生将来更好立足于社会。因此，教师在历史教学中培养学生的家国情怀要结合中职学生发展来看，这有助于提高学生综合素质。

例如，在学习"戊戌变法和义和团运动时期的政治概况和文化"这节课的过程当中，教学目标要求学生了解戊戌变法和义和团运动在历史发展中的意义。同时，教师要重点讲解戊戌变法是晚清时期以康有为、梁启超等人为代表的维新派人士提倡学习西方的一场改良运动。但是变法损害到守旧派的利益，导致遭受强烈反抗，最终谭嗣同等戊戌六君子被杀。这场变法虽然最终以失败告终，但是它在中国近代发展史中具有重要意义，促进了社会的进步。通过教学戊戌变法，教师要告诉学生敢于创新，即使过程中会遇到艰难险阻，也要保持顽强意志力，用自己的实际行动去改革创新。

八、历史教学紧跟时代主题

中职历史教学不仅让学生了解过去发生了什么事，更要让学生学会辩证地看待人类社会发展历程，做到与时俱进，并与现代社会发展联系起来。因此，教师在历史教学中要紧跟时代主题，从而培养学生家国情怀。例如，在新冠疫情面前，党和国家将人民的利益放在第一位，这是家国情怀最好的体现。所以说，中职历史教学培养学生家国情怀不能局限于历史内容，更要和社会热点联系起来，从而对学生开展家国情怀教育。借助于社会热点，学生对家国情怀会有更为直观的感受，明白家国情怀的真正含义。因此，中职历史教学培养学生家国情怀要做到与时俱进，积极引入新的内容，从而强化学生家国情怀的培养效果。

　　综上所述，中职历史教学中培养学生家国情怀具有重要意义，其可以有效增强学生家国意识，同时提高学生文化修养。家国情怀深入每个中国人的内心，可以激发出民族自豪感。因此，教师要重视培养学生的家国情怀，激发学生内心的爱国情感，让学生肩负起实现中华民族伟大复兴的职责①。

①王卓.中职历史教学培养学生家国情怀的探讨[J].中华活页文选（高中版），2023（11）：100-102.

第八章 基于核心素养的历史教学评价

第一节 核心素养下历史课堂评价理论基础

《中等职业学校历史课程标准（2020年版）》指出："教师要树立基于历史学科核心素养的教学理念，结合不同教学内容所蕴含的历史学科核心素养的不同方面，合理设计教学目标、教学过程、教学评价等，提升课堂教学质量，从而达成课程目标。"课堂作为教学活动的主阵地，对于提升教学质量起到关键作用。而课堂教学评价对于提升学生学习质量、培养历史学科核心素养有着不可或缺的作用。

一、课堂评价

（一）课堂评价的概念与定位

1.课堂评价的概念界定

若要厘清课堂评价的概念，首先要明确这里的"评价"一词的内涵。"评价"所对应的英文单词有两个——evaluation 和 assessment。其中 evaluation 的本意为引出价值，因此以美国著名教育学家拉尔夫·泰勒为代表的教育学家认为评价的目的在于作出价值判断，即判断教学目标的达成情况。而 assessment 的词义内涵为搜集相关信息，故美国心理学家、教育学家克隆巴赫（Cronbach L.）、美国教育评价专家斯塔弗尔比姆（Stufflebeam D.L.）对于评价的界定侧重于其为教学决策提供相关信息，关注评价对改进教学的作用。

而课堂评价所对应的英文是 classroom assessment，由此可见，它的最终目的不在于做判断、下结论，而是通过搜集、处理有关学生学习的数据与信息，为教学决策提供依据，进而改进教与学。课堂评价是教师在课堂层面实施的评价，教师的课堂提问与理答反馈、布置随堂测验和课后作业等都属于课堂评价。综上所述，课堂评价的对象是学生，它属于内部评价与形成性评价的范畴。

2.课堂评价的定位

评价概念与类型的多元性导致了评价与教学关系的多元化。课堂评价作为评价的一个类型，在目的、手段等方面与其他评价存在着很大的差异性，这主要取决于课堂评价的定位。

（1）课堂评价是课堂教学的有机组成部分

通常我们认为的评价应当发生在教学过程完结之后，是对教学过程与结果的价值判断。依据这样的观点，评价与教学属于两个不同的阶段与环节。但是根据课堂评价的概念，评价应当是发生在教学过程中的事件，即与教学同属于一个环节。

其实，教师在日常教学中对学生的评价无处不在，课堂中的理答、对学生课后练习的批改点评等都属于课堂评价的方式。由此可见，评价与教学实际上是相融的，甚至有很多学者认为，评价即教学，教、学、评三者是一个有机的整体。评价并非独立于教学的环节，而是融于整个教学过程的一部分，与教学有着不断的互动。即便在课堂教学的过程中，评价也在时刻发挥着监测学生学习情况的作用。因此，评价已经贯穿于教学准备、实施与反思的全过程。

（2）课堂评价是教学决策的重要基础

评价一堂课的关键在于学生学得怎么样，也即教学目标的达成情况。因此课堂教学不是简单机械地执行教学设计的过程，而是以学生的学习为中心，根据对学生学习情况的监测，运用教学机制改善教学决策，从而提升课堂教学的有效性。从这个意义上说，教学过程就是根据学情持续作出决策的过程。

（二）课堂评价的理论基础

课堂评价是教学评价的重要组成部分，依据其概念，课堂评价属于形成性评价和内部评价的范畴。因此，把握形成性评价与内部评价的理论有利于课堂评价的有效实施。

1.形成性评价理论

1967年，美国学者斯克里文（Scriven M.）在《评价方法论》中依据评价的目的与功能将评价分为形成性评价和终结性评价。1969年，美国学者布鲁姆进一步探索了形成性评价在教学领域的实施与运用，将其引入教学评价领域，促进了形成性评价的发展与应用。

与传统的终结性评价相比，形成性评价往往是在教与学的过程中开展的，通过对学生学习情况的评价诊断发现教学中存在的问题，并将评价结果运用于教学策略的改进，促进教与学的进一步优化与提升。因此，这是一种基于发展理念、立足学生学习全过程而展开的诊断性、过程性评价。

形成性评价方式包括课堂问答、小组展示、课后作业、阶段性检测等，具有多样性。但评价实施过程中皆须遵循主体性原则、发展性原则、可行性原则和激励性原则，将学生置于评价的核心地位，立足学生的进一步发展制订切实可行的评价方案，并通过反馈的方式促进学生的学习。由于形成性评价的目的在于促进学生的学习与目标的达成，故反馈不能仅有问题与不足，还应包含成就与表扬，以激发学生的学习能动性。

2.内部评价理论

根据评价的实施主体的不同，教学评价可以分为内部评价和外部评价。区别于外部评价，内部评价主要是教学活动中的相关主体对自身参与的教学活动的评价。它的目的不在于考核、管理或选拔，而是通过对自身的观察与反思改进教与学，主要作用在于诊断、调节与激励。

由此可见，内部评价往往更加灵活自由，不一定具有明确的时间节点、具体标准，教师与学生都可以在教学过程中根据实际情况和需要随时开展，且评价的着眼点与结果也往往结合自身的具体情况和特点而更具针对性。此外，由于内部评价可以在教学全过程中随时展开并反馈，所以评价反馈也更具时效性，对学习的促进作用会更快速直接。要言之，内部评价较外部评价而言更具灵活性、及时性和针对性。

（三）良好的课堂评价的特征

根据课堂评价的定义，其核心功能与作用就是为教学决策和改进教学提供依据，从而促进学习。因此，良好的课堂评价实质上便是能有效促进学生学习的评价。这样的评价应当具备以下特征。

1.具有与教学目标一致、明确清晰的评价目标

基于"教—学—评"一体化的理念，评价目标与教学目标应当具有一致性。因此，评价目标需要依据教学目标来设定，如果评价目标与教学目标脱离，那么制定的评价任务与活动也就无法准确有效地检测学生

的学习情况，了解教学目标的达成情况，使得课堂评价不能发挥促进教与学的作用。同时评价目标需要具有直观性和应用性，能够通过学生的学习表现直观地反映出目标达成情况，在课堂教学的过程中可以快速有效地运用。故与教学目标相一致、明确清晰的评价目标是良好课堂评价的基础。

2.运用适合目标检测的评价手段

课堂评价的关键步骤之一是搜集学生的学习信息。而如何有效搜集相关信息很大程度上与评价方法的选择有关，故不同的评价目标需要选择不同的评价手段。美国学者斯蒂金斯和美国教学评估专家布鲁克哈特等人都对评价方法进行了分类，并对不同方法适合的评价目标类型有所阐释。因此，每一种评价手段与方法都有其优劣性与适用范围，良好的课堂评价应当能根据目标类型选择最适宜的评价方法、设计相关的评价任务与活动。

3.充分有效地运用评价结果

课堂评价就其范畴而言属于形成性评价，其与终结性评价的关键区别在于评价结果的运用。课堂评价的结果需要通过反馈让师生及时了解，在把握学情的基础上改进教学，推动目标的达成。因此，将评价结果反馈给教师与学生是充分发挥评价作用的重要步骤，能够让教师更好地进行教学决策，让学生及时调整学习策略。

当然，为了更好地发挥反馈的效能，在反馈之前教师首先要对评价结果进行处理，分析出现象背后的问题，如错因归类、能力水平分析等。这样可以让反馈的结果能具针对性和实用性。

4.注重评价主体的多元化

以往的评价中教师往往是评价者，而学生则是被评价的对象。但是，学生是课堂的主体、学习的主体，因此评价过程中不能忽略学生的自主性和能动性，应当充分发挥学生的主体作用，在教师评价的基础上增加学生自评、同伴互评等模式。在这样的评价模式中，学生既是被评价者，也是评价者，如此便可推动学生理解、把握评价目标与标准，用目标引领自己的学习，也可以通过评价及时、有效地了解自己和班集体的学习情况，更好地促进学习[1]。

---

①张权.基于核心素养的高中历史课堂评价策略研究[D].杭州:杭州师范大学,2020.

二、历史课堂教学评价

历史课堂教学评价的最终目的是提高教学质量，通过教学评价了解学生情况，发现教学活动中和学生发展中存在的问题，进而推动学生发展。

(一)历史课堂教学评价的内容

历史课堂教学评价在历史教学的活动中有着重要的意义，影响着历史教学活动中的其他环节，可以对其他环节产生相应的指导作用。不同国家对教学评价的内容概括不同，如苏联教育科学院院士、教育家巴班斯基将评价的指标分为八类：

①对新事物的接受（相当于新课题的引入）；②教育分寸（主要指师生关系中的人际处理）；③本学科知识处理；④发展学生的思维能力；⑤培养学生的一般学习技能；⑥培养学习本学科的兴趣；⑦以个别方式对待学生（即学生个性化发展的要求）；⑧课外活动组织。

根据教育改革发展状况，我国在历史方面的研究学者参考国外优秀学者研究后得出的理论，并结合国内外发展和当前现状，对历史教学评价改革作了许多相应的尝试，目前，我国历史课堂教学评价的因素包括以下几点：

教学目标。教学目标要求科学、可行，学生对目标能够理解，教学活动具有目标指向。

教学内容。教学内容涵盖众多，包括对课程标准的理解、对教科书的系统分析、对教学内容如何分析设计等诸多方面。

教学过程。教学过程包括课堂教学环节的整体设计、教学方法和教学手段的选择与使用、活动安排是否合理等。

教学活动氛围。好的教学活动氛围可以让学生听起课来事半功倍，具体来说，课堂气氛要既严肃又不呆板，既活跃又不杂乱。

教学效果。教学效果是教学活动如何的最直接显示。这些体现在学生学习是否积极主动、教学目标是否达成等。

教师的基本素质。教师的基本素质也是教学评价的其中一项，它包括教师的教学态度体现、语言运用情况、多媒体掌握情况。

（二）历史课堂教学评价的类型

历史课堂教学评价按照不同的标准是可以分为很多种类型的。根据布鲁姆的分类标准和评价时间的不同，教学评价可分为形成性评价、诊断性评价和总结性评价三种。

1.形成性评价

形成性评价是指在某项教学活动过程中，为使活动效果更好而不断进行的评价。它能及时了解阶段教学的结果和学生学习的进展情况、存在问题等，以便及时反馈、调整和改进教学。形成性评价需要频繁进行，如每个单元、每个章节之后就测试。形成性评价一般是绝对评价。教学设计活动中进行的评价，如对实验班使用奥苏伯尔的"先行组织者"这种新的教学策略的效果评价通常是在试行过程中进行的，目的是为修改或对比搜集有力的数据和资料。对于提高教学质量来说，重视形成性评价比重视总结性评价更有实际意义，也更符合教学设计的理念。

2.诊断性评价

诊断性评价也可称为学前评价，顾名思义，一般为课、单元、学期、学年开始时，正常的教学活动还未开始之前，对评价者的知识、技能等状况进行考察、测试，了解其实际状况和最初水平，分析其是否具备新课程改革后的最低标准要求，进而为日后的教学活动提供目标依据，使之更符合现实教学活动。

3.总结性评价

总结性评价是教学活动中的重要一项，它以一段时间为单位，为验证之前设定好的教学目标为标准而进行的教学评价。它着重看的是教与学的最终成果，目的是对教师的教学技能、教学质量、教学效果等做一个有效的等级评定。举例来说，中职阶段每一段时期的会考，目的就是为了检验学生是否达到了新课程改革后的标准要求，同时也能考核到教师的教学质量是否达标①。

———————————

①王芳.历史教学设计与案例研究[M].长春:吉林人民出版社,2019.

第二节　核心素养下历史课堂评价的必要性

教学评价倒逼教师不断改进自己的教学行为，较好地改变了教师唯教历史现状。教师不仅要注重如何教，更要研究如何评，通过评价达到课堂教学效益最大化。教学评价有效促进了教师育人能力和教学技能的显著提升，使历史课堂"动"了起来，直观生动的课堂让学生乐学，潜能得到发掘，学生学习效率也明显提升。

一、中职历史课堂教学评价的现状与分析

（一）中职历史课堂教学评价标准零散化

《中等职业学校历史课程标准（2020年版）》明确要求要建立健全适合学生身心发展和学生职业发展的课堂教学评价标准，打造高效历史课堂，以提升学生历史学科核心素养。围绕课堂教学评价标准构建，市域很多中职学校都在进行大胆探索与实践，但总体来说还处于调研论证与框架搭建初始阶段，还没有构建起一套可供操作、量化的课堂评价标准体系。

（二）中职历史课堂教学评价视域普教化

《中等职业学校历史课程标准（2020年版）》特别指出，中职历史教学要注重历史学习与学生职业发展有机融合，要为学生职业发展服务。这就要求中职历史要具有职业教育学科特点，课堂教学评价也应凸显"职业性"评价样态。由于受到普教历史教学评价的影响，中职历史课堂教学评价往往忽视对学生工匠精神、劳模精神、职业素养以及课程服务性等关键要素的评价，造成学岗脱节，极大地影响了学生工匠技能的培养。

（三）中职历史课堂教学评价手段传统化

信息化时代的到来要求包括课堂教学评价手段在内的教育教学行为变革。由于中职学校教师普遍信息素养不高、学校硬件支撑不力等原因，中职历史课堂教学评价手段大都沿用传统笔墨打分、粗略型、简单化的评价方式，无法对学生进行精准化评价，无法得到有效教学反馈信息，

很难有效提升学生历史学科素养。

(四)中职历史课堂教学评价改进滞后化

及时准确反馈课堂教学信息，能有效改进师生教与学行为，提升课堂教学质量。目前，中职历史课堂教学评价手段滞后，教学信息不能及时反馈给教师，教与学的信息不对称，往往出现"两张皮"现象，教学中出现的问题得不到及时诊改，造成课堂教学效率低下，严重影响学生知识建构和能力生成[①]。

二、历史课堂教学评价的作用

历史课程的教学评价同其他学科有着同样的评价流程和方法的动态过程，这一过程指向预定的评价目标。在搜集资料、对比分析后，形成相应的价值判断，这一过程具有重要的意义。

第一，从教学活动的角度分析，历史课堂教学评价能够为决策者提供政策依据，并形成对教师的激励机制。国家对学生在历史教育方面的要求，主要通过学校教学活动来实现。管理部门通过评价认识到教师的教学质量和教学效果即学生的成绩水平。在教学管理中，教学评价有着监督的作用，能够督促包括历史教师在内的各科教师都能顺利地进行教学活动，教学评价具有评价和激励的双重作用。

第二，从教学研究的角度，在课堂教学过程中，教学评价起着搜集信息，调控课堂教学的作用。教学研究中课堂教学研究是重中之重，通过对课堂教学活动的分析评价，能够从中得知很多与教学相关的重要信息，发现很多问题，如课堂教学中的人际互动、多媒体的使用、教学模式的实施等。通过评价后得知的信息和判断的结论是最能清晰明了地显示教师和学生的实际情况的，教师的教学质量是否达标、学生是否接收到知识并成功掌握，这些都可以通过教学评价而得到，进而教师可以根据反映出的信息迅速调整出合适的、有效的教学计划，并制订方案，进而提高教学质量。

第三，从教师本身的角度来看，教学评价对教师有着有效的促进作用。通过历史课堂教学评价能够让教师了解自己的不足，认识到自己的

---

①潘光全.新课程标准视域下中职历史课堂"四化"评价实践策略[J].教育科学论坛，2022(12):78-80.

水平所在。教师通过参与自评和互评的活动过程中，能够亲身体会到各位教师之间的长处，学到有效的教学经验，正确地认识到自身的缺点，进而提高自身水平[①]。

第三节　核心素养历史课堂评价方法

为了提高中职历史学科课堂教学成效，从根本上转变教学行为，实现以评促学、以评促改的教学目的，在教学中应采取"四化"教学评价方法。

一、坚持标准引领，评价量标可测化

《中等职业学校历史课程标准（2020年版）》明确要求"以历史学科核心素养为本，重视对学生学习活动达成情况进行评价"。课堂教学评价体系应回应新课程改革理念和价值诉求，指导师生开展教育教学活动。为了使教学目标更加具体、相互关联、可评可测，就需要建立一套可操作的课堂教学目标与评价体系。根据中职历史课程教学大纲和教材，结合中职学生实际，课题组在实践中探索构建了"中职历史学科课堂教学评价体系"（见表8-1），评价内容由目标确立、课堂组织、教学素养、课程开发、教学方式、习题设置、教学成效、评价改进等组成，并给出各级目标的分值，使评价量标真正落地。学校坚持标准引领，以学定教，对标施教，不断改进优化教学行为，提升课堂教学成效。

表8-1　历史学科课堂教学评价体系（100分）

评价项目	评价要素	A	B	C	D	得分
目标确立（15%）	1.能按新课程标准和学生实际来确定教学目标,目标确立正确	5	3	2	1	
	2.根据教学目标来编写教案和问题导学案,突出对学生进行立德树人课程思政教育和人文培养	5	3	2	1	

---

①王芳.历史教学设计与案例研究[M].长春:吉林人民出版社,2019.

续表

评价项目	评价要素	指标评分				得分
		A	B	C	D	
	3.培育学生学习能力、信息素养、精益求精的工匠精神和道德素养	5	3	2	1	
课堂组织（10%）	1.课堂组织井然有序,小组分组科学合理	5	4	3	1	
	2.课堂纪律良好,教师课堂调控能力、应变能力强	5	4	3	1	
专业素养（25%）	1.具有较为扎实的历史学科知识与能力素养	8	6	4	2	
	2.注重历史学习与学生职业发展的融合教育,培养学生匠心品质	8	6	4	2	
	3.具有较强历史学科教学与现代信息技术整合能力	7	5	4	2	
	4.具有创新精神、独特教学风格、特色和教学内容	5	4	2	1	
资源开发（10%）	1.根据教学目标,对教材内容进行取舍,能充分挖掘优秀教学资源融入课堂教学,提升教学质量	5	4	3	1	
	2.科学有效地对历史"拓展模块"进行课程建设,开发本土特色教学资源,如红色文化资源,培养学生的历史核心素养	5	4	3	1	
教学方式（12%）	1.能根据教学目标,选择多种教法,让学生有效参与,体现问题导学,组织开展问题讨论,解决学习问题	4	3	2	1	
	2.注重学法指导,引导学生"自主学习""合作学习""探究学习"等,使学生学会学习;注重发现学生的闪光点,及时鼓励	4	3	2	1	
	3.创设场景化、虚拟仿真等环境,让学生进行实践体验,培养学生情感认知;注重教学资源整合,引入典型工作案例,积极开展情境化教学	4	3	2	1	
习题设置（8%）	1.习题设置要根据教学目标和学生实际,问题要有梯度和广度,要面向全体学生	4	3	2	1	
	2.习题设置"巧",难易适中,数量恰当;案例与问题结合紧密,能激起学生的学习兴趣和求知欲	4	3	2	1	
教学成效（10%）	1.知识与能力目标达成情况	5	4	3	1	
	2.职业精神、工匠精神等品德教育和核心素养的达成	5	4	3	1	
评价改进（10%）	1.运用多元评价,让不同层次学生均获得相应提高	5	4	3	1	
	2.教学反馈及时,能对存在问题及时进行诊断改进,提升教育教学质量	5	4	3	1	

备注:分值85分及以上为优秀;75~84分为良好;65~74分为合格;65分以下为不合格。

二、拓展评价视域,凸显职教类型化

历史教学评价的影响由于受普教评价的影响，没有对中职历史与普教历史课堂教学评价进行不同类型区分，往往把中职历史课堂教学评价简单等同于普教历史课堂来进行评价。中职历史学科教学评价应凸显职教类型化特点。结合所教专业特点，充分利用好课程教学资源，注重各学科知识融合，坚持文化为专业课服务性评价。历史教学很多内容涉及思政、语文、数学等学科知识，教师在教学中应善于找到学科知识结合点，开展学科融合评价。注重历史学科与学生职业发展的融合，重点对学生进行工匠精神、劳模精神、职业素养等教育，注重职业素养发展评价。教学时，注重学科知识融合和职业素养培养，引导机电类学生对雕刻技巧、美学价值、地理环境以及数理知识等进行探究，促进跨学科融通，提升学生的专业素养和人文素养。

三、实施多元评价，评价手段信息化

《中等职业学校历史课程标准（2020年版）》要求要准确领会新课程标准理念，把握课改方向，改变以教师为主的灌输式教学，树立以学生为主的课堂教学意识，改进课堂教学评价方式，提升评价育人功效。课题组探索构建"中职历史学科课堂教学多元信息化评价表"，通过多元化的评价主体、多样化的评价方式、人性化的评价过程以及信息化的评价手段，以评促教，以评促学，促进学生个性化发展，提升中职学生历史学科素养。

表8-2 历史学科课堂教学多元信息化评价表

评价主体	评价内容	评价形式	评价工具	实施成效
学生	教师工作态度及讲课水平；专业知识和专业技能；教学方式方法	通过学生问卷等形式开展对师生自评、小组互评	问卷星、纸质问卷	客观、公正评价教师和学生，改进教师教学行为，提升教学能力
教师	学生学习行为、听课情况和学习效果	笔试练习、口头作答、对话交流、作业展示、现场演示等	智慧平台、检测试题	通过多样化方式，更能全面准确了解学生的学习掌握情况
管理者	教师教育教学水平；学生学习质量	通过师生问卷、对话交流、访谈等形式开展对师生的评价	问卷星、检测试题、数据分析	注重过程管理，积极开展赏识评价，鼓励进行教学改革，学生改进学习方法，提升学习质量

家长	教师工作态度及讲课水平；专业知识和专业技能；学生学习成效	通过家长问卷、电话交流、家长会等形式开展对师生的评价	问卷星、电话交谈	通过家长评价，及时改进教育教学行为，实现教学相长，促进学校教学质量提升

四、直面反馈改进，问题诊改时效化

根据教学目标，关注知识到手和素养生成，倒逼诊断改进。根据中职历史新课程标准，认真学习践行"三教"改革，做到问题诊改时效化。坚持问题与目标导向，紧扣教学重难点，对照课堂教学目标评价要素，关注学生课堂反应，注重及时反馈发现教学中存在的问题，及时进行改进。注重对教师教学行为、教材处理、教学内容、教学方式、教学手段、习题设置以及教学评价等内容的反思，对存在的问题列出清单，进行认真分析，对症改进，从而不断优化教育教学行为，努力打造高品质历史课堂。如在讲到红军长征内容时，有学生提出讲讲红军过其家乡叙永的历史，教师欣然接受学生建议，临时调整教学内容，给学生讲红军过家乡那段动人故事，较好地丰富了长征知识，厚植了学生的红色情怀[①]。

---

①潘光全. 新课程标准视域下中职历史课堂"四化"评价实践策略[J]. 教育科学论坛，2022(12)：78-80.

第九章　基于核心素养的历史课后作业设计

第一节　历史作业的分类及存在的问题

一、历史作业的分类

（一）从学习的进程看作业的类型

根据学生学习的进程，可以将作业分为前置作业、随堂作业、课后作业和单元作业。

1.前置作业

前置作业属于课堂教学的前奏，教师设计恰当的历史作业可以引导学生合理的预习。传统的教学方式不太注重学生的自主性学习，前置性作业的布置可以激发学生学习的主动性和积极性。对于学生通过自主探究与合作解决了的问题，教师要少讲或不讲。这里凸显了前置作业的价值，在科学的前置作业设计之下的课堂教学更有针对性，有利于提高课堂效率。

2.随堂作业

随堂即课堂同步，所以随堂作业与课堂同步进行。在随堂作业的设计过程中，需要注意的是，不能机械地把作业分割到课堂中，要精心选择，针对具体的课时设计多种形式的随堂作业，将它有机地渗透到教学环节中去，帮助学生及时查漏补缺，从而提高教学质量。在历史课堂上增加随堂作业这一环节，还可以有效减轻学生课后的负担，这样学生就有时间读课外书，可以给学生提供一个好的学习环境。

3.课后作业

课后作业是在教师完成一个课时以后布置的作业，课后作业具有及时性和有效性。教师设计课后作业的目的是有效地检查学生学习的效果，培养学生的综合素质，促进学生能力的提高。因此，教师在课后作业的设计上不仅要立足于教材，还要引导学生对教材加以合作探究，在交流与实践的过程中提升自己。

4.单元作业

单元作业是学生在学完一个专题或者一个单元之后的作业。在历史学习过程中，有一些课外知识以及能力的培养需要学生更多的课余时间的支持，学生在课堂上无法将更多的课外知识完全掌握，学生的能力也很难发生质变。通过单元作业这一环节不仅有助于学生巩固教材知识，还有利于学生课外知识的拓展。此外，单元作业多以活动的形式展开，在此过程中，学生学习的兴趣会增加，有利于学生由被动学习转变为主动学习。

（二）从设计的形式看作业的类型

从作业设计的形式来看，可以将作业分为书面作业和非书面作业。书面作业培养学生理解、分析和归纳的能力；非书面作业以实践为主，培养学生实践和创新等能力。

1.书面作业

具体来说，书面作业又可分为复习总结性历史作业、论文式历史作业、问答式历史作业、拟卷式历史作业、表格式历史作业、脉络式历史作业和办报式历史作业。

复习总结性历史作业是基于教学任务而布置的作业，可以帮助学生将知识系统化，加强学生对知识的深化认识。

论文式历史作业是学生根据限定的史料或主题撰写一篇小论文，要求论点明确，论据充分。教师在设计该类作业的过程中，选材要合理，可以让学生从多个角度选择小论文的主题，并且在写作方法上也要给予一定的指导。该类作业可以培养学生严谨的思维。

问答式历史作业是一种对基础知识概括性较强的作业，要求学生在认真审题的基础上对问题要进行有条理的回答。这类作业容易培养学生归纳综合的能力和严谨细心的治学态度。

拟卷式历史作业是学生在进行一个阶段学习之后的查漏补缺。这类作业的内容较多，而且知识点较为零散，需要教师设计针对性较强的试题，并要求学生在限定的时间内完成。这类作业不仅有利于培养学生多向的思维，而且有利于学生学习效率的提高。

表格式历史作业主要是针对学生容易混淆的或者相似的知识点布置的作业。教师将这些内容进行有机组合，学生在教师的指导下制作表格，这样可以给学生留下比较直观的印象，帮助学生记忆相关的知识点。

脉络式历史作业主要针对前置性作业和单元作业，让学生自己编写相关知识的脉络图，有利于增强学生知识的系统性和逻辑性，并对章节知识进行有效的梳理。

办报式历史作业就是通过办板报的形式，让学生把相关知识点呈现出来，这种作业形式具有一定的新颖性，可以激发学生探索的兴趣，引导学生搜集课外知识，从而完善自己的板报。需要注意的是，学生在完成这类作业的过程中会花费较多的时间，可能会影响到学生其他科目的均衡发展，因此这种作业类型布置次数不宜过多，否则可能达不到预期的教学效果。

2.非书面作业

非书面作业可以分为实践性历史作业、辩论式历史作业、故事式历史作业和调查式历史作业。

实践性历史作业与现实生活紧密联系，要求学生善于观察生活，在生活中发现问题，然后对所发现的问题进行分析，从而找出解决问题的方法。这个过程有利于培养学生的创新能力和动手操作能力。

辩论式历史作业就是设计两种对立的观点，学生找出论据，说明自己的观点。通过举办这样的活动，可以增强学生参与的意识，锻炼学生的口头表达能力。

故事式历史作业可以说是一种历史体验，也是一种历史的重现，设置情境让学生回到历史中去。对此，教师可以举办一系列的故事会，让学生讲些历史小故事。这种方式的作业使学生带着兴趣去完成，学生的记忆不再是枯燥的，而是加入了很多有趣的情节，让学生在快乐中学习。

调查式历史作业组织学生进行一系列的调查，其中可以采取问卷的形式，也可以采取访谈的形式，让学生有目的地去当地的乡镇地区搜集相关的知识，在生活中学习[1]。

---

[1]庞明凯.核心素养导向下的高中历史教学探索[M].长春:吉林人民出版社,2019.

二、中职历史作业存在的问题

作业设置的必要性不言而喻，是教师完整的教学工作中非常重要的一个环节。普通高中已将其作为提高课堂实效的抓手，如近些年不少学校推出"大课堂"，加强作业方面的训练，而作为职业学校，历史学科在作业的布置上是较为尴尬的，学生既有专业课的训练又有其他文化课，其在家长、学生心里的地位是不能相比的，在每天铺天盖地的专业训练之后，再额外地布置历史作业，似乎是在自讨没趣。因此在重质量、重成效的目标之下，通过额外布置大量的历史作业来提高教学的实效性，显然是不可取的①。

(一)教师对核心素养的认识不足

实践证明，教师对培养学生的核心素养重视程度不够。虽然培养学生的核心素养有助于学生各种知识能力的提高，但部分教师对核心素养并不了解，有的教师对核心素养的了解程度仅仅是一知半解。目前对教师关于新课程和新理念的培训有很多，从理论上来说，教师应该对此有很深刻的了解，但现实却恰恰相反，这说明很多对于教师的培训只是走形式，教师对核心素养并没有完全消化吸收。再者，虽然素质教育早已提上日程，但应试教育对我国中职教育的影响仍然很大，一些教师过于注重学生考试的成绩，而忽视了对新课程改革及最新教育理念的关注。此外，核心素养这一框架于2016年正式确立下来，教师对核心素养的了解是一个循序渐进的过程，一线的中职历史教师受到繁重的教学压力的影响，可能对此问题没有及时了解。

由于历史学科的特点，虽然很多教师对核心素养了解不足，但对历史学科核心素养还是有着一定的了解，而对学生核心素养与历史学科核心素养的培养同样重要，二者没有等级之分，需要教育工作者将其二者都重视起来。所以，学校应加强对教师的培训，让培训工作真正落到实处，教师也应该紧追新课改的潮流，用最新、最科学的知识与理念教育学生。

①王静．关于优化中职历史作业设计的几点思考[J]．高中生学习(师者)，2013(12):111.

（二）作业的内容和形式单一

大多数教师的历史作业以书面作业为主，而且作业的内容多局限于现成的试题或试题的重组。这种单一的作业模式从侧面反映了应试教育对我国教育界根深蒂固的影响，素质教育的推行还需深入进行下去。这种书面形式的作业主要由选择题和材料题构成，其优点是帮助学生对历史基础知识进行掌握，培养学生史料阅读、理解与辨析的能力，其缺点是作业的形式与内容单一。在这种状况下，一些学生很容易产生厌烦的心态，特别对于历史基础比较薄弱的学生来说，很可能在学习历史方面的兴趣度降低。教师对学生的考试成绩较为重视，且教师教学任务繁重，受到种种因素的制约，中职历史教师几乎很少设计实践活动类型的作业，学生依赖书面的知识和教师的讲授来学习历史，缺少参与社会的机会，学生的实践能力和动手能力无法得到很好的培养。

这样的作业形式和内容通常反映了教师追求成绩的愿望，而结果往往适得其反，单一的题目并不能适用于每个学生。设计多样化的作业形式或内容，可以在很大程度上激发每一个学生学习的兴趣，在班级之中形成良好的学习氛围。

（三）作业的评价方式僵化

目前我国中职学校以大班教学为主，而且历史学科每周只有四到五节课，教师与学生直接接触的机会较少，因此作业评价成为教师与学生互动的重要环节。教师通过学生的作业情况发现学生在学习过程中存在的问题，学生通过教师的评价发现自己的不足。而中职教师采取较多的评价方式是教师单独评价的形式，教师与学生之间的互动较少，学生只能通过简单的错或对来识别自己的答案与标准答案之间的区别，这种机械化的评价方式促使学生不断使自己的答案接近标准答案，学生的创新思维难以被激发出来。从现状来看，只有部分教师有给学生写评语的习惯，这样的教师占的比重较小，并且教师受到大班额和课业压力的影响，很难做到对每一个学生都进行评语式评价。

这种僵化的评价方式会使教师和学生之间的交流出现问题，教师只对班级中比较活跃或者成绩较好的学生记忆力比较深刻，难以对班级中的每一个学生有着清晰的了解，这就不易发挥学生主体性的作用，长此以往，学生对教师评价的重视程度会降低。

第二节 基于核心素养的历史作业设计策略

在中职历史教学过程中，作业的设计一直是至关重要的一环。基于目前的教学环境，提升作业的质量，创新作业的形式，有助于深化中职历史的教学改革，推动教学的整体发展。从"双减"政策的角度来看，优化作业设计，可以有效改善课堂教学，减轻教师的工作压力，提升作业育人的效果。为此，以下从作业生成、作业创新、作业分层等角度分析、探讨中职历史作业设计，以在"双减"政策的引导下，通过优化作业设计实现对学生核心素养的培养。

一、借力作业生成——精细作业助力素养培养

（一）立足知识体系，让历史作业精细化

中职历史教材当中的知识点比较烦琐，但不同的单元、不同的课题之间存在着内在的联系。对此，教师应该本着系统性的原则，加强知识之间的联系，为学生设计精细化的历史作业，帮助学生构建历史知识框架，助力学生历史学习水平的提升。

（二）立足思维发展，让历史作业"空间化"

新课改背景下，中职历史教学的核心任务就是发展学生的思维能力。为此，教师应该从核心素养培养的角度出发进行作业设计，保证学生的历史思维得到发展。在作业设计过程中，教师要注重发展学生的思维，让学生乐于接受学习任务，并能在完成作业的过程中进行独立思考，最终得出历史结论。

二、借力作业创新——新型作业助力"双减"落地

（一）可视化：聚焦历史实践培育核心素养

在发展学生核心素养的背景下，中职历史教学的方向性更加明确，教师在作业设计的过程中要注重情境化场景的运用，将历史作业转化为历史实践，通过丰富作业设计思路来实现作业的创新。在"双减"的背

景下，教师要减少背诵型的作业，通过具体的情境来培养学生的历史核心素养，促进学生的全面发展。

该类作业是基于学生的社会生活角度设计的，学生完成学习任务，需要在真实的情境下发生真实的行为，这对于学生的成长很有帮助。

（二）课标化：提升作业质量落实"双减"任务

在新课程改革背景下，中职历史作业也有了新的方向，教师需要从核心素养的角度出发，结合"双减"政策的理念进行作业的优化设计。具体来说，教师需要从以下两个方面入手来提升作业的质量，让作业实现课标化：第一，要结合新课标的要求，保证教学内容和作业的一致性；第二，要注意对作业进行划分，保证作业符合学业质量标准。

教师通过分析教材，从学生感兴趣的内容出发，以实践作业为核心，设计指向性作业，能够让学生在完成作业的过程中更具指向性，并促进学生核心素养的生成。

三、借力作业分层——灵活作业助力学生成长

"双减"政策和新课改要求教师尊重学生之间存在的差异性，能够结合学生的不同水平，布置不同等级的作业，通过作业分层来落实"双减"政策，实现学生核心素养的培养。结合历史作业性质，教师可以将其分为基础性、拓展性、特色性三个等级，这三个作业等级应该是层层递进的关系，能够共同助力学生的发展。

（一）设计基础性作业，满足学生学习需求

对于中职学生来说，掌握基础知识有利于其构建知识体系，这也是学生学习历史的基础与核心。因此，在设计基础性作业的时候，教师需要从学生感兴趣的角度出发，培养学生良好的学习习惯。最基础的作业就是让学生构建知识框架，当然，教师也可以结合课程内容让学生绘制手抄报等。

（二）设计拓展性作业，促进学生思维发展

在学生完成基础性作业之后，教师应设计拓展作业以实现对历史知识的延伸。对于大多数的学生来说，该作业是有一定难度的，需要学生对历史知识进行分析，进一步掌握知识点。因此，教师在设计作业的时候，可以尝试从学生的综合实践角度出发，实现学生思维能力的拓展。

（三）设计特色性作业，丰富学生历史视野

特色作业，是在前两层作业的基础上，具有一定难度的历史学科作业，该类型的作业更加注重引导学生实现知识的横向和纵向发展。教师在设计该类型作业时，应结合学生的实际学习特征，通过趣味内容的设计来引导学生进行历史探究。同时，教师可以通过跨学科作业来丰富学生的认知，让学生多角度解读历史事件，拓展学生的文化视野。

从培育学生历史学科核心素养的角度出发进行作业设计，对于教师的教育观念和专业能力都提出了更高的要求，需要教师认真解读新的教育政策，运用丰富的网络教育资源来实现作业设计的创新。同时，随着"双减"政策的落实，知识本位也逐渐向着素养本位转变，历史作业同样需要进行改变，其要从单一的书面走向实践，以让学生在作业中实现核心素养的提升①。

---

①姜明娟.走向核心素养,落实"双减"要求：谈初中历史作业设计策略[J].求知导刊,2023(2):113-115.

参考文献
REFERENCE

[1]陈艳梅.新课标视域下中职历史课堂有效教学研究[J].中学政史地（教学指导），2023（2）：28-29.

[2]陈仲.基于深度学习涵养历史解释素养的策略：以"中国古代的法治与教化"一课为例[J].历史教学（上半月），2023（3）：12-20.

[3]成文生.史料实证素养培养中存在的问题[J].中学历史教学参考，2023（18）：52-54.

[4]邓一帆，刘天逸.基于核心素养理念的唯物史观在高中历史教学中的融入分析[J].天天爱科学（教育前沿），2023（8）：67-69.

[5]杜翠格.素养导向下初中历史教学设计中教学目标的制订及检测策略研究[J].中文科技期刊数据库（引文版）教育科学，2023（4）：63-66.

[6]费涛.生活化教学理念在高中历史教学中的应用研究[J].试题与研究，2023（24）：103-105.

[7]冯梦圆.基于核心素养下的历史课堂生成教学研究[D].天津：天津师范大学，2019.

[8]高嵘.课堂教学设计的概念及其作用分析[J].中国学校体育，2011（4）：23-24.

[9]郭静雯.历史数据与历史解释素养培养策略[J].中学历史教学参考，2023（15）：70-72.

[10]郭银箱.核心素养视域下高中历史教学中唯物史观的实践应用研究[J].中文科技期刊数据库（文摘版）教育，2023（1）：93-95.

[11]韩步锋.高中历史课堂开放性教学的探索与实践[J].成才之路，2021（1）：120-121.

[12]纪明明，周巩固.论"历史解释"在历史学科核心素养中的重要

性：以国际史学的前沿思考为视角[J].历史教学（上半月刊），2023（4）：67-72.

[13]季媛袁.生活化教学理念在高中历史教学中的应用[J].学园，2023（15）：51-53.

[14]姜明娟.走向核心素养，落实"双减"要求：谈初中历史作业设计策略[J].求知导刊，2023（2）：113-115.

[15]李麒麟.基于核心素养的高中历史课堂教学目标研究[J].中华活页文选（高中版），2023（4）：115-117.

[16]李月新.基于核心素养的高中历史教学设计刍议[J].中学课程资源，2023（2）：58-60.

[17]李增花.基于学科核心素养视阈下中职历史教学实践探究[J].知识文库，2023（11）：125-127.

[18]李喆.高中历史课堂开放性教学理念与学生历史学习能力的培养研究[D].昆明：云南师范大学，2019.

[19]刘琼敏.新课标视阈下初中历史教学设计要素探微[J].历史教学（上半月刊），2023（2）：19-24.

[20]刘三军.基于历史核心概念培育学生历史解释核心素养策略探究：以《近代民族国家与国际法》为例[J].新课程评论，2023（5）：105-113.

[21]母茜文.论中学历史教学中培养学生史料实证能力策略[J].中华活页文选（教师版），2023（6）：151-153.

[22]潘光全.新课程标准视域下中职历史课堂"四化"评价实践策略[J].教育科学论坛，2022（12）：78-80.

[23]庞明凯.核心素养导向下的高中历史教学探索[M].长春：吉林人民出版社，2019.

[24]邱阳.中职学生史料实证素养培养的策略刍议[J].知识文库，2023（3）：145-147.

[25]孙青松.认知冲突视域下的历史解释素养培育：以"北宋的政治"一课为例[J].中学历史教学参考，2023（18）：78-80.

[26]唐明君.史料实证：浅探高中阶段的"实"与"证"[J].教学考试，2023（17）：35-37.

[27]王芳.历史教学设计与案例研究[M].长春：吉林人民出版社，2019.

[28]王静.关于优化中职历史作业设计的几点思考[J].高中生学习（师者），2013（12）：111.

[29]王丽娟.基于核心素养的高中历史"家国情怀"教学设计[J].中学课程辅导（教师通讯），2018（20）：97.

[30]王曙光，安雪，赵玉民.高中生史料实证素养培养策略研究[J].中学历史教学参考，2023（9）：40-42.

[31]王卓.中职历史教学培养学生家国情怀的探讨[J].中华活页文选（高中版），2023（11）：100-102.

[32]翁冬梅.基于历史解释的高中历史教学设计探讨[J].中文科技期刊数据库（全文版）教育科学，2023（4）：76-79.

[33]吴刚平.生成教学资源的开发和利用[J].湖北教育（教育教学），2023（7）：25-27.

[34]吴秀丽.坚持唯物史观理论指引 培育学生历史核心素养：基于中国共产党土地制度改革的思考[J].中学教学参考，2023（13）：57-60.

[35]夏微念.高中历史教学中史料实证素养的培育研究[J].当代家庭教育，2023（7）：140-142.

[36]徐金超.高中历史学科史料实证素养的考查[J].浙江考试，2023（5）：13-16.

[37]徐艳.高中历史教学设计的原则、要素及优化[J].教学与管理，2019（6）：114-117.

[38]杨蕊如.唯物史观指导下的中学历史教学：以"唯物史观视角下的历史人物评价"为例[J].花溪，2021（24）：59.

[39]于世华.生成教学：游戏说与教学观的重建[J].上海教育科研，2023（8）：60-65.

[40]余文伟，刘继伟.高中历史学科唯物史观素养的考查[J].浙江考试，2023（4）：18-21，25.

[41]俞静娟，赵珊珊.论知识自主建构取向的历史教学设计：意蕴及其策略[J].全球教育展望，2013（1）：80-83，44.

[42]张蓓蓓.基于生活化教学理念的初中历史课程教学[J].学园，

2023（13）：32-34.

[43]张建.基于史料实证的高中历史教学策略[J].知识文库，2023，39（16）：36-39.

[44]张江叶.初中历史生成教学的有效性改进对策探究：以《原始农耕生活》为例[J].考试周刊，2023（5）：163-166.

[45]张权.基于核心素养的高中历史课堂评价策略研究[D].杭州：杭州师范大学，2020.

[46]郑金霞.依托教材史料，培育史料实证素养：以"从隋唐盛世到五代十国"一课为例[J].教学考试，2023（35）：28-32.

[47]中华人民共和国教育部.中等职业学校历史课程标准：2020年版[M].北京：高等教育出版社，2020.

[48]周云华.初中历史教学：定位、设计与生成：基于一次《三国鼎立》同题异构活动的观察[J].教育研究与评论（课堂观察），2014（9）：16-23.

[49]左星星.当代教学设计学科理论体系建构研究[J].艺术科技，2023（16）.